삼성은
독종을
원한다

**삼성은
독종을 원한다**
© 김기주 2014

초판 발행	2014년 4월 10일
2판 1쇄	2014년 6월 10일
지은이	김기주
펴낸이	김승욱
편집	김승관 장윤정 한지완
디자인	김이정 이현정
마케팅	방미연 이지현 함유지
온라인마케팅	김희숙 김상만 한수진 이천희
제작	강신은 김동욱 임현식
펴낸곳	이콘출판(주)
출판등록	2003년 3월 12일 제406-2003-059호
주소	413-120 경기도 파주시 회동길 216 2층
전자우편	book@econbook.com
전화	031-955-7979
팩스	031-955-8855
ISBN	978-89-97453-21-4 13320

＊이 도서의 국립중앙도서관 출판시도서목록(CIP)은 e-CIP 홈페이지(http://www.nl.go.kr/cip.php)에서
   이용하실 수 있습니다.(CIP제어번호: CIP 2014009935)

삼성은
독종을
원한다

김기주 지음

이콘

가장 많은 지원자,
가장 많은 비밀

개인적으로 나는 대한민국 대기업 중 가장 투명하게 열린 채용을 하는 곳이 삼성이라고 생각한다. 이미 오래 전부터 유명 대학이나 소위 '스펙'보다 능력을 중시해온 삼성은 모든 입사 지원자들에게 공정한 기회를 부여하기 때문이다. 수많은 대학생이 삼성 입사시험을 준비하는 이유도 이러한 점을 알기 때문일 것이다.

그러나 다른 한편으로 삼성은 채용과정에 대한 비밀이 가장 많은 기업이기도 하다. 비밀이 많다는 것은 그만큼 삼성 입사에 관심 있는 대학생들의 궁금증이 많다는 것을 뜻한다. 삼성에 입사하려면 SSAT 전형과 면접 전형을 거쳐야 하는데, 그 전형들에 대해 취업시장에 나도는 많은 소문들 중에는 틀린 것도 있고 맞는 것도 있다. 삼성 입장에서는 채용의 공정성을 유지하기 위해 많은 사항들을 비밀에 부치고 있지만, 취업 준비생 입장에서는 아주 사소하더라도 옳은 정보를 알고 싶을 것이다. 이 책의 목적은 바로 그것, 즉 진심과 열정으로 무장하고 삼성에의 입사를 꿈꾸는 이들에게 삼성의 채용 비밀을 어느 정도 공개함으로써 도전 의욕을 북돋우고자 하는 것이다.

26년의 삼성 생활을 마무리한 것이 내게는 이 책을 내게 된 계기가 되었다. 나는 삼성을 퇴직한 뒤 인생 2막을 어떻게 만들어나갈지 생각하기 시작했다. 그런데 그에 대해 고민하다 보니 삼성에 다니길 잘했다는 생각이 들었다. 세계 일등제품을 만들었던 경험, 큰 조직에서 많은 멤버와 함께 일하며 닦은 리더십 능력, 학습과 실행을 통해 쌓은 직무 경쟁력 등은 돈으로 살 수 없는 소중한 것들이었기 때문이다.

그렇게 쌓은 경험과 지식이 풍부하고 깊은 만큼 삼성에서의 은퇴 후 내가 갈 수 있는 길 또한 많았는데, 그중 나는 재취업과 창업, 지식전문가라는 세 가지 길을 놓고 고민하다가 가장 마지막 길을 선택했다. '삼성 출신'이란 개인적 브랜드는 재취업시장에서도 큰 도움이 되겠지만, 삼성의 인사제도와 교육제도를 중견기업에 맞게 설계해줌으로써 다른 직장인들을 더욱 훌륭한 인재로 키워내는 것이 개인적으로 삼성에서 쌓았던 경험과 지식을 바탕으로 할 수 있는 가장 보람된 일일 것이라는 생각에서 내린 결정이었다.

삼성 입사 전략에 대해 강의했던 경험도 지식전문가로서의 길에 도움이 되었다. 일전에 지인의 부탁으로 대학생들에게 삼성 입사 전략을 몇 차례 설명해준 적이 있었는데, 이론이나 추측이 아닌 경험을 바탕으로 해서 그랬는지 강의에 대한 대학생들의 반응은 기대 이상으로 뜨거웠다. 그런 반응을 접하면 접할수록 대학생들에게 삼성의 채용정보를 제대로 알려주고 싶다는 생각이 들었다. 대학생들이 알고 있는 정보의 대부분은 잘못된 것이었고 그들이 알고 싶어 하는 정보도 저마다 달라서 질문 내용도 다양했는데, 그때의 강의 자료와 질의응답 내용도 이 책에 담아서 조금이나마 도움을 주고자 했다.

마지막으로 책을 쓰고자 했던 계기를 준 사람은 내 아들과 딸이다. 전자공학과 4학년인 복학생 아들과 국문학과 3학년에 재학 중인 딸은 이제 본격적으로 취업을 고민하는 나이가 되었다. 취업 준비생인 아이들에게 내가 아빠로서 그들에게 줄 수 있는 도움말을 정리해보고 싶은 마음으로 이 책을 준비했다.

삼성의 인재상과 SSAT, 에세이와 삼성 면접을 중심 내용으로 하는 이 책은 크게 네 부분으로 구성되어 있다.

삼성의 인재상과 도전을 다룬 첫 번째 장에서는 삼성 면접위원의 시각에서 삼성이 원하는 인재상을 분석해보고, 삼성 CEO와 임원의 리더십을 소개한다. 삼성 지원자는 삼성 문화에 녹아들어있는 현장의 인재상을 이해해야 하고, 본인의 합격을 결정하는 CEO와 임원들에 대한 통찰도 필요하기 때문이다.

나는 대학생들에게 과감히 삼성에 도전하라고 권한다. 삼성에는 인생의 승부를 걸 만한 가치가 있다고 확신하기 때문이다. 삼성은 모든 직원들에게 균등한 성장기회를 주고, 경쟁의 평가 기준이 명확하며, 성과를 낸 만큼 확실하게 보상해주는 기업이다. 일이 고되고 어려운 것은 그다음의 문제다.

두 번째 장에서는 SSAT 시험에 숨겨진 이야기를 공개한다. SSAT는 삼성의 열린 채용을 지탱하는 토대다. 요즘 취업 준비생들은 SSAT 준비를 다목적으로 활용하고 있다. SSAT 시험을 통과하면 더 이상 좋을 수 없겠지만, 설사 통과하지 못하더라도 그 경험을 다른 대기업의 직무적성검사를 준비하는 과정으로 인식하는 것이다.

취업시장에는 채점 기준과 점수 배점, 합격자 커트라인과 불합격 기

준은 어떻게 되고 상위 몇 퍼센트에 들어야 합격할 수 있는가 등 SSAT
에 대한 다양한 소문들이 돌고 있다. 이런 궁금증을 시원하게 해소해주
는 답변과 함께 SSAT 시험을 제대로 준비하는 방법도 담았다.

에세이 작성 가이드는 세 번째 장에서 다룬다. 에세이 내용은 삼성의
인재상과 긴밀히 연관되어있는데, 자신이 인재상에 적합한 후보자라는
것을 차별화해서 어필해야 한다.

최근 삼성은 채용제도의 전면 개편을 추진하다 백지화시켰지만, 이
번 개편안은 앞으로 진행될 변화의 방향에 큰 영향을 줄 것이다. 특히
1995년 폐지했다가 19년 만에 부활시키려 했던 서류 전형에 그 열쇠가
있는데, 에세이와 관련이 깊은 그 열쇠를 함께 찾아보도록 하자.

네 번째 장에서는 삼성 면접에 숨어있는 이야기를 다루고, 최근 들어
삼성 면접이 더 어려워진 배경을 분석해서 공개한다. 삼성 면접에는 당
락을 결정하는 여덟 개의 키워드가 있는데, 그중에서도 합격을 결정짓
는 면접 키워드와 탈락을 자초하는 면접 키워드를 소개한다.

더불어 임원면접과 직무역량면접의 특징, 심화질문에 대응하는 방법
과 프레젠테이션 방법을 제시한다. 실제 면접 순서를 따라가면서 동영
상을 보여주듯이 세부 내용을 설명하고, 삼성 임원들이 제시하는 면접
가이드도 소개하겠다.

이제 삼성은 스펙의 개념과 인재의 정의를 바꾸고 있다. 이는 곧 취업
게임의 룰이 변화하고 있다는 것, 다시 말해 더 이상 '친구 따라 강남
가듯' 취업을 준비해서는 안 된다는 것을 뜻한다. 삼성은 '책상 스펙'이
아닌 '현장 스펙', 즉 자기 직무에서 활용할 수 있는 차별화된 전문 스펙
을 원한다. 때문에 현장 스펙이 좋은 지원자를 가려내기 위해 평가 요

소도 바꾸고 있는데, 그 대표적인 예가 '전공과목 성취도'와 '직무관련 경험'이다.

이로 인해 시험에 강한 '벼락치기형 인재'는 삼성에 합격할 가능성이 낮아졌고, 재학 시 평소 학교생활에 충실하며 2~3년간 성실하게 입사를 준비한 인재가 선택받을 수 있다. 사실 삼성은 이전부터 이렇게 준비된 사람을 선발해왔다. 다만 취업 준비생들이 믿지 않았을 뿐이다.

이러한 변화 방향을 반영하여 각 장의 말미에는 그 장을 마무리하는 비법을 제시했다. 총 네 개인 이 비법들은 책상 스펙이 아닌 현장 스펙을 쌓는 데 필요한 것들이다. 입사 지원자 모두가 붕어빵처럼 갖춘 과잉 스펙을 걷어내고, 차별화된 전문성을 자랑하는 필요 스펙을 만들자는 의미다.

비법 1 : 삼성 인재상의 비밀에 적합해지는 덧셈과 뺄셈이 필요하다.
비법 2 : SSAT 통과를 위해 논리적 사고력을 기르자.
비법 3 : 전공과목 성취도를 상징하는 작은 T자형 인재가 되자.
비법 4 : 직무관련 경험으로 면접 합격을 거머쥐는 시간 스토리를 만들자.

26년의 삼성 경험, 나는 그것을 기반으로 당신에게 삼성 합격증을 선물해주는 멘토의 역할을 하고 싶다. 이제 나와 함께 삼성에의 취업을 차근차근 준비해보자.

차 례

프롤로그

가장 많은 지원자, 가장 많은 비밀 _05

1장 **삼성은 독종을 원한다**

1. 인재상의 비밀 _14

2. 도전할 만한 기업, 삼성 _26

3. 삼성의 열린 채용에 도전하라 _37

4. 삼성이 원하는 스펙? _45

5. 취업 게임의 룰이 바뀌고 있다 _55

비법1: **덧셈과 뺄셈이 필요하다** _67

2장 **SSAT에 숨겨진 이야기**

1. SSAT 합격은 면접으로 가는 통로 _72

2. SSAT 합격 가이드 _79

3. SSAT 준비의 정석 _92

4. SSAT 경험자의 응시 수기 _100

비법2: **논리적 사고력을 기르자** _105

3장 삼성 에세이 작성 가이드

1. 입사지원서 작성 포인트 _116

2. 성공 면접의 열쇠, 에세이 _120

3. 최종 합격자의 에세이 작성 사례 _130

4. 전공과목 성취도와 직무관련 경험 _146

비법3: '작은 T자형 인재'가 되자 _151

4장 삼성 면접에 숨겨진 이야기

1. 면접의 시작, 인성검사 대응방법 _160

2. 삼성 면접이 더 어려워졌다 _169

3. 임원면접의 포인트 _181

4. 직무역량면접의 포인트 _192

5. 삼성 임원이 제시하는 면접 가이드 _202

비법4: 시간 스토리를 만들자 _223

에필로그

인생의 두 번째 30, 삼성에 걸어라 _237

1장

삼성은
독종을
원한다

인재상의 비밀

　한 기업의 인재상은 그 기업이 요구하는 바람직한 구성원의 모습을 제시해놓은 표본이라 할 수 있다. 있다. 요즘 대한민국 100대 기업이 원하는 인재상을 살펴보면 도전정신, 주인의식, 전문성, 창의성, 도덕성, 열정, 팀워크, 글로벌 역량, 실행력 등이 공통적인 키워드로 꼽히는데, 취업을 준비하는 대학생이라면 모두 한 번쯤은 고민해본 단어들이다.

　하지만 각 기업은 저마다 원하는 인재상이 다르다. 각각의 인재상에는 해당 기업의 독특한 문화가 반영되어있기 때문이다. 가령 현대자동차는 '새로운 생각의 창조자New Thinking Creator, 새로운 가능성의 탐구자New Possibilities Explorer', 포스코는 '세계인, 창조인, 실행인', SK텔레콤은 '창의력과 패기, 가치창조, 글로벌 비즈니스, 세계 일류'라는 단어로 자사가 원하는 인재상을 설명한다. 다시 말해 인재상은 보기 좋으라고 대충 만들어놓은 개념이 아니라 그 기업이 실제로 사람을 뽑고 가르치며 키우는 과정의 근거가 되기 때문에, 입사를 원한다면 해당 기업이 원하는 인재상을 분명히 확인하고 준비해야 한다.

삼성 역시 삼성이 추구하는 가치를 인재상에 담고 있다. 나는 삼성의 인재상을 취업 준비생이 아닌 삼성 면접위원의 입장에서, 삼성 생활을 경험한 선배의 입장에서 다른 시각으로 분석해보았다.

대외홍보용 인재상, 믿어야 할까?

'열정, 창의, 소통의 가치창조인'

이것은 삼성의 인재상이다. 채용 홈페이지에도 소개해놓았으니 이것은 삼성이 공식적으로 원하는 인재상인 셈이다.

- '열정과 몰입'으로 미래에 도전하는 인재
- '학습과 창의'로 세상을 변화시키는 인재
- 열린 마음으로 '소통하고 협업'하는 인재

참 좋은 말이다. 위의 세 가지는 이 시대의 신입사원들에게 공통적으로 요구되는 항목이기도 하다. 하지만 조금은 두루뭉술하고 애매해 보이기도 한다. 이 세 가지 인재상을 이미지화하려면 좀 더 구체적인 키워드가 필요하다. 이에 필요한 키워드 또한 삼성 홈페이지에서 찾아볼 수 있다.

삼성 홈페이지를 보면 다음과 같이 총 열두 개의 키워드가 제시되어 있는데, 어쩐지 좋은 의미를 가진 단어들만 모아놓았다는 느낌이 든다. 이 키워드들을 보면서 내게는 두 가지 의문이 들었다.

삼성 인재상의 키워드 12

열정과 몰입	학습과 창의	소통과 협업
일에 대한 열정 조직에 대한 일체감 회사에 대한 자부심 올바른 가치관 책임감과 프로의식 미래에 대한 도전정신	자기주도적 학습 창의적 감성과 상상력 변화를 선도	공간적 소통 개방적 협업 새로운 가치 창출

첫째, 이 키워드를 모두 갖춘 인재가 존재하기는 할까? 현실적으로 보면 사실 불가능한 일이다. 그렇다면 이 키워드들을 중요 순서대로 나열했을 때 삼성이 가장 맨 위에 두는 것은 무엇일까? 공식적인 순서는 없지만 내 경험을 바탕으로 보면 추측이 가능하다.

둘째, 삼성의 공식적인 인재상이 면접장에서도 그대로 적용될까? 이에 대해서는 쉽게 대답하기 어렵다. 당신의 입사를 결정하는 면접위원은 누구인가? 삼성의 CEO와 임원이다. 그들은 어떤 사람일까? 그들이 원하는 진짜 인재상은 무엇일까?

삼성의 면접위원은 과거의 성공과 경험을 바탕으로 현재의 삼성을 만들어가는 사람들이고, 인재상은 삼성의 미래를 이끌어갈 신입사원이 갖추었으면 하는 역량을 나타낸 것이다. 그렇다면 이 인재상은 선배인 면접위원들에게 부족한 내용을 반영한 것이라고도 생각해볼 수 있다.

삼성에 입사하기를 희망하는 당신은 삼성의 공식적인 인재상을 의심해본 적이 없는가? 의심해보지 않았다면 당신은 순진한 사람이다.

어느 기업이든 대외홍보용 인재상은 완벽하다. 아니, 완벽을 추구한다고 보는 것이 합리적이다. 하지만 우리가 일하는 회사의 현장은 완벽하지 않다. 끊임없이 발생하는 문제점을 하나하나 해결하면서 지속적인 성장을 추구하는 곳이 회사이기 때문에, 회사가 공식적으로 내건 이론상의 인재상과 현실에서 원하는 리더상은 다를 수밖에 없다. 이것은 삼성에만 해당되는 이야기가 아니다. 이론과 현실의 온도 차이를 느낄 수 있도록 다음의 사례들을 소개한다.

삼성의 CEO는 독종을 좋아한다

내가 경험한 F부사장에 대한 사람들의 평가는 극과 극이었다. 부하들은 술자리에서 그를 '독종'이라 불렀지만 CEO는 그를 총애했기 때문이다.

F부사장은 업무를 독종처럼 챙기는 스타일이다. 처음 세웠던 목표에 실적이 미치지 못하면 그 원인과 대책을 철저히 추궁했고, 회의 시간에는 지시사항에 대한 실행 여부를 끝까지 따졌다. 부하들은 그의 SSKK('시키면 시키는 대로 하고 까라면 까라'는 뜻의 회사 은어)식 일처리에 진저리를 쳤다. F부사장이 사업부장을 역임한 5년간 그의 스타일을 견디지 못하고 여러 명의 임원과 부장들이 다른 사업부로 전배轉拜를 가거나 퇴사했다.

반면 CEO는 'F부사장이야말로 강력한 카리스마로 사업부를 제대로 장악하고 있는 사람'으로 인식했고, 추진력이 강하고 사업부의 디테일한 내용에도 강함을 인정하며 그를 신임했다. 임원회의 시 다른 사업부의 문제에 대해 직설적으로 비판하는 그의 스타일도 좋아했음은 물론이다.

2011년 6월에는 삼성 미래전략실(예전의 비서실)의 일부 임원이 교체되었는데, 새로 발탁된 임원의 이미지는 다음의 세 가지로 요약된다(조선일보, 2011. 6. 16).

- 집요할 정도로 추진력이 강하다.
- 주변에서 '독사' '진돗개'라고 부른다.
- 현안이 있으면 주중, 주말 할 것 없이 퇴근하지 않고 끝장을 내는 스타일이다.

한마디로 표현하자면 일하는 데 있어 '독종' 스타일이라는 뜻이다. 회사와 CEO에 대한 충성심으로 가득 찬 그들은 CEO의 지시사항을 완수하는 것을 최고의 목표로 삼고, 어떠한 어려움이 있어도 기한 내에 탁월한 성과물을 만들어내는 독종이다.

이런 인물들은 일반적으로 두 가지 유형 중 하나다. 하나는 일에 대한 냉혹한 승부근성으로 뛰어난 성과를 만들어내는 이들이고, 다른 하나는 세계 최고의 전문기술을 가지고 탁월한 성과를 이루어내는 이들이다. 어느 쪽이든 독종이기는 마찬가지다.

나는 삼성의 핵심가치에서 이 '독종'의 실마리를 찾았다. 다섯 개의 키워드로 구성된 삼성의 핵심가치는 '삼성의 성공 DNA'라고도 불리는데, 이는 삼성의 기업정신 중에서도 가장 핵심적인 것이자 모든 삼성인의 사고와 행동에 깊이 체화된 신념이다. 따라서 신입사원을 대상으로 내건 인재상의 내용보다 구체적이고 지향점이 명확하다는 차이점을 보인다.

다섯 개의 핵심가치 중에서도 최종 결과물에 해당하는 키워드는 최고지향이다. '최고지향'은 '항상 최고에 도전하고 세계 최고를 향한 경쟁에서 당당히 승리하기 위해 노력한다'고 정의되어있다. 이를 실현시킬 수 있는 사람이 바로 독종이 아니겠는가?

삼성의 핵심가치

	핵심가치	지향점	정의
1	인재제일	기업은 사람이다.	인재에 대한 삼성의 믿음
2	최고지향	항상 최고를 추구한다.	삼성을 움직이는 의지의 표현
3	변화선도	늘 변화를 앞서간다.	삼성의 일하는 방식
4	정도경영	누가 뭐래도 바른 길을 간다.	삼성인의 마음가짐
5	상생추구	나보다 남을 먼저 생각한다.	삼성의 기본 철학

조직을 이끄는 리더의 유형은 다양하지만 크게 성과지향형 리더와 관계지향형 리더로 나눌 수 있다. 성과지향형 리더는 실행력을 통한 과업 성취를, 관계지향형 리더는 부하들과의 인간관계를 중시하는데 전자는 파워 리더, 후자는 공감 리더라 일컫는다.

내가 재직할 당시 삼성전기에는 총 64명의 임원이 있었는데, 그들의 리더십 스타일을 분석해보니 64명 중 파워 리더는 45명(70%)을 차지했고, 공감 리더는 19명으로 30% 정도였다. 즉, 고위 임원진일수록 파워 리더의 비중이 높았던 것이다. 또한 2010년에서 2012년까지의 3년간 49명의 상무 중 전무로 승진한 사람은 총 열 명이었는데, 그중 여덟 명이 파워 리더였다. 그만큼 삼성에서는 공감 리더보다 파워 리더가 득세하는 것이 현실이다. 그런데 그 이유는 무엇일까? 삼성만의 독특한 조직문화 때문일까?

부하 직원들이 공감하는 리더와 무서워하는 리더 중 누가 더 성공할까? 『하버드 비즈니스 리뷰Havard Business Review』 2011년 7월호에 실린 '왜 공감형 보스는 밀려날까?Why Fair Bosses Fall Behind?'라는 글에서는 공감형 보스에 대해 다음과 같이 설명하고 있다.

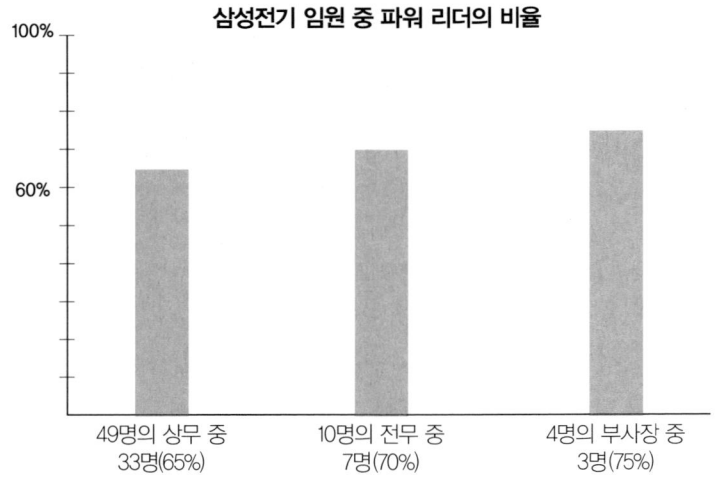

삼성전기 임원 중 파워 리더의 비율

100%

60%

49명의 상무 중
33명(65%)

10명의 전무 중
7명(70%)

4명의 부사장 중
3명(75%)

- 모두가 인정하는 최고의 리더는 대체로 공감형 리더십을 갖추고 있지만, 현실에서는 공감형 리더가 아닌, 공격적이고 독단적인 파워 리더가 득세하기도 한다.
- 직원들의 의견을 존중하고 믿음을 바탕으로 조직을 이끄는 공감형 리더는 직원들의 존경을 받긴 하지만, 추진력이 약하다거나 신상필벌信賞必罰이 분명하지 않다는 외부 인식 때문에 승진에서 불이익을 받기도 한다.

결과적으로 공감 리더보다 파워 리더가 승진을 잘한다는 것인데, 나는 이 내용을 '현실에서는 공감 리더가 아닌 파워 리더가 확실히 득세하고, 공감 리더는 승진에서 항상 불이익을 받는다'라고 더욱 강하게 바꾸고 싶다. 이는 내가 26년의 회사 경험을 바탕으로 내린 결론이다.

삼성도 마찬가지다. 삼성의 CEO와 임원은 파워 리더야말로 카리스마가 있고 추진력이 강해서 탁월한 성과를 낸다고 생각하는 반면, '공감하는 리더' 혹은 '배려심 깊은 리더' '합리적인 리더'라고 평가받는 이들은 소극적이고 승부근성이 약하다고 생각한다. 때문에 실제로 삼성의 리더들은 독종, 즉 치열한 승부의 세계에서 살아남은 사람들이다(간혹 인간미를 가진 독종도 있지만 말이다). 그리고 그런 사람들은 당신의 면접위원이 되어 부드러운 인상으로 상식적인, 그러나 그 안에 복선이 깔려 있는 질문을 던지며 당신의 답변을 예리하게 평가한다.

이런 내용과 현실이 입사 지원자인 당신에게 던지는 시사점은 무엇일까? 당신의 합격을 결정하는 면접위원은 대부분 파워 리더인데, 그들에게 당신은 어떻게 대응할 것인가?

승진은 결국 성과!

솔직히 천성적으로 공감 리더 스타일인 나는 절대 파워 리더가 되지 못한다. 그리고 서울의 한 중위권 대학을 졸업했지만, 그래도 삼성에 입사해 임원까지 역임했다. 남다르게 내세울 것이 없었음에도 그 자리에 오를 수 있었던 것은 오로지 승부근성과 성과 덕분이었다.

부장이 되면서 기획팀에서 인사팀으로 부서를 옮긴 내게 처음 주어진 과제는 'CEO의 경영철학을 전파해 인사팀을 변화시키라'는 것이었다. 그 과제를 수행하기 위해 5년간 나는 교육제도, 평가제도, 보상제도 등 인사제도 전반을 새로 설계해서 바꿔나갔는데, 설계의 핵심은 '성과주의 인사제도의 정착'이었다. 이를 통해 인사팀을 CEO의 비즈니스 파트너로 변신시켰고, 그 성과를 인정받아 임원으로 승진했다. 삼성에서 임원이나 간부로의 승진은 철저하게 성과를 기준으로 이루어진다. 업적고과를 중심으로 순위를 매기고, 역량고과를 가미해서 승진을 결정하기 때문이다.

참고로 삼성에는 사원부터 CEO까지 5단계로 올라가는 '리더십 파이프라인 모델'이 있다. 이를 자세히 보면 단계별로 리더의 역할이 다르고, 그에 적합한 리더십도 다르다는 것을 알 수 있다.

삼성의 리더십 파이프라인 모델

	리더 역할	리더십
Level 5	CEO	비전제시형 리더십
Level 4	사업리더(전무, 부사장)	전략형 리더십
Level 3	팀리더(상무)	권한위임형 리더십
Level 2	파트/그룹리더(차장, 부장)	성과촉진형 리더십
Level 1	셀프리더(사원, 대리, 과장)	전문가형 리더십

삼성은 이 모델을 바탕으로 신임 간부와 임원을 대상으로 매년 리더십 교육을 실시한다. 단계별로 리더의 역할이 다르므로 리더십 교육 역시 직급별로 차별화되어야 하기 때문이다.

리더십 교육에는 총 18개의 핵심역량이 필요한데, 다음 표를 보면 1~5단계별로 각각 서너 개의 핵심역량이 요구됨을 알 수 있다. 그중 입사 지원자인 당신이 눈여겨봐야 하는 것은 Level 1의 핵심역량이다.

역할 단계별 18개 핵심역량

Level 1 (사원, 대리, 과장)	Level 2 (차장, 부장)	Level 3 (상무)	Level 4 (전무, 부사장)	Level 5 (CEO)
업무열정 자기관리 능력 업무전문 능력 창의적 사고력	동기부여 능력 부하육성 능력 업무관리 능력 성과창출 능력	팀웍구축 능력 권한위임 능력 실행력 변화관리 능력	전략경영 능력 자원활용 능력 신사업발굴 능력	비전제시 능력 인재발굴 능력 기업가적 통찰력

어떤가? 앞서 이야기한 삼성의 공식적인 인재상과 연관성이 있는가? 열정, 창의 등 일치하는 키워드도 있긴 하지만 간과하지 말아야 할 점이 있다. 앞서 이야기했듯 당신의 합격을 결정하는 사람은 CEO와 임원이란 사실이다. 그들은 Level 2 이상의 핵심역량을 갖추고 있고, 그것을 무기로 성공한 사람들이다. 그러니 Level 2 이상의 핵심역량도 눈여겨 봐두자.

이쯤에서 한 가지 질문을 던지겠다. 이 18개 핵심역량을 관통하는 하나의 단어는 무엇일까? 바로 '성과'다. 앞서 언급했듯 성과는 삼성에서 간부나 임원으로 승진을 결정할 때 가장 중요시하는 키워드이기도 하다.

그토록 성과를 중시하는 조직에서 성공한 CEO와 임원은 당신을 어떤 기준으로 평가하겠는가? 당신은 그들이 세운 기준에 자신이 적합하다고 생각하는가?

현실의 삼성이 원하는 인재상

앞의 이야기를 읽으며 당신은 깨달았을 것이다. 이론적인 인재상과 현실에서 요구하는 인재상 사이에는 분명히 큰 차이가 있다는 것을 말이다.

인간은 누구나 자신과 비슷한 성격을 가진 사람을 좋아한다. 그렇다면 '독종'인 삼성의 CEO와 임원이 원하는 직원 스타일도 독종이 아닐까? 누가 봐도 독종 스타일이라면 당신에게 있어 삼성은 훌륭한 무대가 될 것이다. 그런데 그렇지 않다면 삼성 입사를 포기해야 할까? 그래도 나는 당신에게 과감히 삼성에 도전해볼 것을 권한다. 과감한 시도 자체는 이미 독종으로 나가는 한 걸음을 내딛었다는 의미이며, 그 도전으로 얻을 수 있는 결과는 더욱 값질 것이기 때문이다.

공식적인 인재상과 현실적인 인재상이 다른 이유를 다른 시각에서 분석해볼 수도 있다. 삼성이 공식적으로 내건 인재상을 모두 충족시키려면 사실 독종이 아니고서는 불가능하지만, 회사 입장에서는 그것을 긍정적인 이미지의 단어로 표현할 수밖에 없다. 공식 홈페이지에 아예 대놓고 부정적인 이미지의 단어를 내세우는 것은 곤란하니 말이다. 그런 의미에서 보면 '삼성이 원하는 인재상'과 '독종'은 단지 표현만 다를 뿐, 본질적으로는 같은 의미일 수도 있다.

이론과 현실의 인재상 비교

이론적인 공식 인재상			현실에서 직면하는 리더
신입사원 인재상	리더십 파이프라인 (Level 1 핵심역량)	핵심가치	잘나가는 리더의 특징
열정과 몰입 학습과 창의 소통과 협업	업무열정 자기관리 능력 업무전문 능력 창의적 사고력	인재제일 최고지향 변화선도 정도경영 상생추구	독종 성과지향형 리더 파워 리더

한 일간지에 삼성, 현대자동차, LG, SK 4대 그룹별로 두 개의 계열사를 선택, 총 여덟 개 회사(삼성전자, 삼성생명, 현대자동차, 기아자동차, LG전자, LG화학, SK이노베이션, SK텔레콤)의 기업문화를 비교 분석한 조사결과가 실린 적이 있다(중앙일보, 2007.1.10). 이 기사에서 삼성은 기업문화를 회사 차원에서 강하게 관리하고 있으며 삼성맨은 좌뇌형 성격, 즉 지적이고 치밀한 성격이 강한 것으로 묘사되었다.

이 조사에서 눈길을 끈 것은 임직원들이 말하는 '우리 회사는 이렇다'의 결론이다. 삼성맨은 삼성의 기업문화를 어떻게 생각하고 있을까?

종합적으로 삼성맨들은 삼성이 '성과 중심의 위계적 기업문화를 가졌다'고 응답했다. '우리 회사는 결과를 중시하며, 성취지향적이다'라고 응답한 삼성맨은 무려 88%(삼성전자 89.3%, 삼성생명 87.8%)가 넘었는데, 이는 다른 여섯 개 기업의 평균치인 60%에 비해 1.5배가량 높은 것이다. 또한 위계적 문화, 즉 '우리 회사는 짜인 틀에 따라 행동한다'라는 면에 동의한 삼성맨의 비율은 평균 73%(삼성전자 75.2%, 삼성생명 71.6%)였고, 이 역시 다른 여섯 개 기업의 평균치인 44%보다 1.7배가 높은 수치였다. 이것을 생각해보면 삼성 입사를 원하는 당신이 바라봐야 할 지향점, 당신이 가져야 할 마음가짐도 어느 정도 구체적으로 정할 수 있을 것이다.

도전할 만한
기업, 삼성

일반 사람들은 삼성, 혹은 삼성맨에 대해 어떤 이미지를 갖고 있을까? 학생들에게 물어보니 '지적이다' '권위적이다' '도시적이다' '유행에 민감할 것 같다' '정장을 좋아한다' 등 조금은 추상적인 내용의 답이 대부분이었다. 그런데 이런 답들은 어찌됐든 제3자의 시각에서 삼성을 바라봤을 때 나오는 것, 다시 말해 삼성이라는 회사에서 생활해보지 않은 상태에서 여러 언론을 통해 보고 들은 선입견이다. 때문에 학생들이 느끼는 삼성의 이미지는 매우 단편적이고 일부분일 수밖에 없다.

그렇다면 실제 삼성 내부의 모습은 어떻고, 그 안에 몸담고 있는 삼성맨은 삼성이 어떤 회사이며 어떤 점에서 좋다고 생각하고 있을까? 이제 대학생들의 시각과는 분명 다를 삼성맨의 마음속으로 들어가보자.

삼성 임원은 SKY 출신?

삼성은 국내 최고의 3무無 기업이다. 학연, 혈연, 지연이 없는 회사라는 의미다. 이런 3무 기업이란 믿음은 직장인에게 어떤 의미를 가질까?

대기업 임원은 직장인에게 있어 꿈과 로망이라 할 수 있고, 성공의 상징이기도 하다. 입사 지원자들을 면접할 때면 나는 '입사 후의 포부가 무엇인가?'라는 질문을 자주 던졌다. 예전에는 사장이 되겠다고 큰소리 치는 지원자가 많았는데, 최근 들어서는 자신이 원하는 부문의 임원이 되고 싶다는 등 보다 구체적으로 답하는 지원자들이 늘어났다. 이제 '사장'이 아닌 '임원'이라는 직위가 직장에서의 성공을 가늠하는 잣대가 된 것이다.

잠시 머리를 식히는 의미에서 간단한 문제를 내보겠다. 다음의 숫자들은 무엇을 의미하는 것일까? 회사의 역사 같기도 하고 학교별 합격자 비율 같기도 한데, 힌트를 하나 주자면 앞에서부터 SK, LG, 삼성, 현대자동차 순이다.

54 〉 44 〉 36 〉 29

위의 숫자들은 국내 4대 그룹의 전·현직 임원 8,254명 중 일명 SKY 대학(서울대, 고려대, 연세대) 출신의 임원이 차지하는 비중을 나타낸 것이다(동아일보, 2011.2.7). 2012년에 승진한 신임 임원들 현황 조사에서도 이와 비슷한 수치가 나타났다.

삼성 임원 가운데 소위 SKY 대학 출신 비중은 36% 정도다. 이는 '일류대에 진학해야 삼성에 들어갈 가능성이 높다'는 일반인들의 생각에

훨씬 미치지 못하는 수준이다. 삼성은 창업주 시절부터 학연, 혈연, 지연을 따지지 않는 기업문화로 유명하고, 실제 삼성맨들도 이를 당연시하고 있다. 앞서 언급했던 중앙일보 자료에서 '회사에서 출세하려면 학교 선배나 고향 사람들과의 강한 유대가 필요한가?'라는 질문에 부정적으로 답한 삼성맨의 비율은 71%였다.

내가 재직했던 삼성전기도 마찬가지여서, 임원들의 출신대학을 분석해보니 삼성그룹 전체와 크게 다르지 않았다. 총 64명의 임원 가운데 SKY 대학, SKY 외의 서울 소재 대학, 지방대학 출신의 비율은 각각 3분의 1로 엇비슷했던 것이다.

단언컨대 삼성은 국내 기업 중 학연, 혈연, 지연을 가장 엄격히 금지하고 있는 곳이다. 그룹 차원에서는 동창회, 향우회 등 3연에 기반한 모임을 불허하는 제도가 있음은 물론, 그것을 실제로 실행하고 있다. 3연은 공정한 경쟁을 가로막는 최대의 장애물이라고 믿기 때문이다.

다시 한 번 강조하지만 삼성에서는 학연, 혈연, 지연과 상관없이 성과를 낼 수 있는 사람이라면 충분하다. 그러니 저 세 가지가 없는 지원자라 해도 삼성에 도전하는 것을 두려워하지 않았으면 좋겠다.

인사 3원칙을 따져라

취업 준비생인 당신의 입장에서 '입사하고 싶은 좋은 회사'의 기준은 무엇인가? 높은 연봉, 성장 가능성, 일찍 잘리지 않을 안정성, 선도기업의 이미지, 잘나가는 대기업이란 자부심, 일류 기업문화 등 다양한 기준이 있을 것이다.

삼성맨 입장에서 '삼성은 좋은 회사다' 혹은 '삼성은 인생의 승부를 걸 만한 회사다'라고 판단하는 근거는 무엇일까? 삼성에서 26년을 보낸 내가 대학생들에게 삼성에의 도전을 권하는 이유로는 크게 두 가지가 있다.

하나는 입사 전형에서 삼성은 누구에게든 경쟁의 기회를 공정하게 부여하기 때문이고(삼성은 오래 전부터 스펙보다 능력을 중시해왔는데, 이 이야기는 다음 장에서 보다 구체적으로 다루겠다), 그보다 더 중요한 다른 하나는 '인사 3원칙'이 제대로 작동하는 회사이기 때문이다. 인사 3원칙이란 '기회균등, 내부경쟁, 성과보상'을 말한다. 누구든 삼성이라는 회사의 문을 열고 들어오면 균등하게 성장기회를 가질 수 있고, 공정한 시스템하에서 내부경쟁을 벌인 다음, 성과에 대한 보상을 확실하게 받을 수 있다. 이 원칙이 지켜지는 회사라면 분명 인생의 승부를 걸어볼 가치가 있다.

앞서 언급했듯 삼성은 모든 임직원에게 성장기회를 공평하게 제공한다. 고졸 출신이든 경력 사원으로 중간에 이직해 온 사람이든, 혹은 박

사로 입사한 사람이든 간에 차별이나 우대를 하지 않는다는 뜻이다. 이렇게 기회를 균등하게 주는 큰 제도적 바탕 위에 명확한 경쟁 기준과 투명한 평가 프로세스가 인사제도로 정착되어 있다는 것이 삼성의 장점 중 하나다. 그리고 그렇게 공정하게 이루어진 내부경쟁의 결과, 탁월한 성과를 낸 사람이나 조직에게는 승진이나 인센티브 등으로 확실한 보상을 해준다. 그래야 회사도 성장하고 개인도 성장한다고 믿기 때문이다. 그만큼 삼성에는 본인의 노력에 따른 성장기회가 많다. 공정한 평가를 통한 승진의 가능성, 교육을 통한 전문가로서의 성장 가능성이 항상 열려있는 것이다.

인사 3원칙을 제대로 운영하기 위해서는 그에 맞는 인사제도와 교육제도가 필요하다. 다시 말해 ①적합한 사람 채용 → ②프로인재 육성(교육) → ③도전적 목표수립과 수행 → ④공정한 평가 → ⑤확실한 보상 → ⑥상생의 퇴직지원으로 이어지는 선순환 시스템이 있어야 한다는 뜻이다.

시스템의 이러한 공정성은 인재에게 꿈을 부여한다. 삼성의 선순환 시스템은 회사의 성장과 개인의 성장을 동시에 가능케 하고, '회사의 비전은 곧 개인의 비전'이란 공식을 만들어준다. 삼성맨은 삼성의 인사제도와 교육제도를 보고 인생의 승부를 거는데, 이 제도들은 곧 자신의 비전을 실현시키는 통로이기도 하다. 하지만 인사제도와 교육제도로 그 회사를 평가할 수 있다는 것이 삼성에만 해당되는 것은 아니다. 다시 말해 어느 회사에의 입사를 원하든 그 회사가 가지고 있는 인사제도와 교육제도는 면밀히 살펴봐야 할 필요가 있다는 뜻이다.

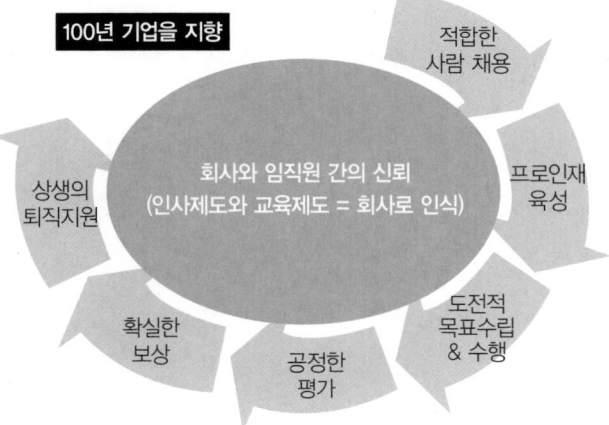

인사 3원칙을 지탱하는 삼성의 인사제도와 교육제도

100년 기업을 지향

적합한
사람 채용

프로인재
육성

회사와 임직원 간의 신뢰
(인사제도와 교육제도 = 회사로 인식)

상생의
퇴직지원

확실한
보상

공정한
평가

도전적
목표수립
& 수행

싸움터이자 배움터

삼성 내부는 성과를 향한 냉혹한 싸움터라고 알려져있다. 하지만 그 경쟁을 보다 효과적으로 만들고 지탱하는 것이 있으니, 바로 체계적인 교육이 그것이다.

사원들에게 있어 삼성이라는 직장은 싸움터이자 배움터가 된다. 비록 경쟁은 치열하지만 개개인의 기본 역량, 리더십 역량, 직무 역량을 높이기 위한 교육이 1년 내내 진행되기 때문이다. 삼성맨들이 다른 어느 회사로 이직하더라도 실력을 인정받는 이유 역시 재직 시 체계적인 교육을 받고, 그 내용을 실무에 적용하기 때문이다.

삼성전기만 하더라도 거대한 캠퍼스라 부르기에 부족함이 없다. 인재육성체계에 따라 크게 다섯 개 분야로 구성되는 교육과정에는 삼성그룹 차원의 그룹과정과 삼성전기 자체과정이 있는데, 외부과정은 대부분 사이버 교육으로 운영된다.

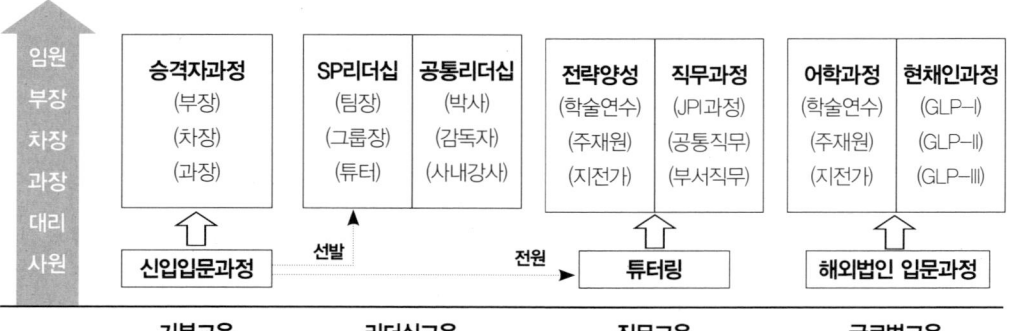

재직 당시 삼성전기의 인재육성체계(2010년)

| 임원 부장 차장 과장 대리 사원 | 승격자과정 (부장) (차장) (과장) | SP리더십 (팀장) (그룹장) (튜터) | 공통리더십 (박사) (감독자) (사내강사) | 전략양성 (학술연수) (주재원) (지전가) | 직무과정 (JPI과정) (공통직무) (부서직무) | 어학과정 (학술연수) (주재원) (지전가) | 현채인과정 (GLP-I) (GLP-II) (GLP-III) |

신입입문과정 → 선발 → 전원 → 튜터링 → 해외법인 입문과정

기본교육   리더십교육   직무교육   글로벌교육

• SP (Succession Plan : 후계자 육성계획)
• JPI (Job Professional Index : 직무전문성지수)
• GLP (Global Leadership Program : 해외인력 본사순환근무)

　　어쩌면 당신은 '다른 대기업의 교육과정도 삼성과 동일하지 않을까?' 라고 생각할 수도 있겠지만, 현실은 절대 그렇지 않다. 밸류value 교육, 리더십 교육, 공통 교육의 내용은 어느 정도 비슷할 수 있지만 글로벌 교육, 직무 교육만큼은 다른 대기업들이 쉽게 모방할 수 없기 때문이다. 삼성은 각 계열사별로 특화된 글로벌 전문가를 육성할 목적으로 글로벌 교육을 진행함은 물론 어학과정과 지역전문가, 주재원 양성과정도 운영 한다. 직무 교육 또한 직무별로 '차원 상승형 교육'이라 하여 1~5차원의 수준별 교육 로드맵과 교재, 내부 강사를 갖추고 있다. 6시그마 교육, 트리즈TRIZ 교육, 공급망 관리SCM, Supply Chain Management 교육, 전사적 자원관리ERP, Enterprise Resource Planning 교육 등 공통 전문교육도 1년 내내 진행되고 있다.

　　내가 삼성에서 26년간 받은 주요 교육과정만 하더라도 그룹과정, 회 사과정, 외부과정 등 20개가 넘으니 그 양이 상당하다. 그런데 부서 자

체적으로 실시되는 직무과정은 이보다 두 배 이상 많으니, 모두 합하면
매년 두 개 이상의 교육과정을 이수한 셈이다.

내가 받은 교육 이력

	사원	대리	과장	차장	부장	임원
	←------------------ 기획팀 근무 ------------------→				←--- 인사팀 근무 ---→	
Value 교육	•그룹입문 과정 •전기입문 과정	•신임대리 과정	•신임과장 과정	•신임차장 과정	•신임부장 과정	•신임임원 과정
리더십 교육			•간부 리더십		•임원양성 과정	•서울대 산학과정
글로벌 교육		•외국어 생활관 (일본어)			•지역전문가 (일본)	
직무 교육	•조사실무 과정	•기획실무 과정	•기획전문 과정 •6시그마 과정	•신규사업 과정 •SCM 실무과정	•인사간부 과정	•TRIZ 과정 •SCM 임원과정

퇴직도 지원하라

당신이 삼성맨이 된다면 인생을 살아가는 동안 수많은 기회를 선택할
수 있다. 물론 가장 좋은 것은 당신이 삼성에서 성공하는 것, 즉 간부
와 임원, 더 나아가 CEO의 위치까지 오르는 것이다.

하지만 개인적인 사정으로 중간에 삼성을 그만두고 이직을 할 경우도 있는데, 삼성에 근무했다는 점이 큰 경쟁력으로 작용한다는 것을 체감할 수 있는 것이 바로 이때다. 다른 기업에서 그만큼 실력과 경력을 인정해주기 때문이다. 나와 삼성에서 함께 일했던 동료들 중에도 다른 대기업으로 이직한 사람이 꽤 있는데, 삼성에서 일하던 대로만 하면 좋은 성과를 내고 인정받을 수 있다는 것이 그들의 공통된 의견이다.

삼성에 들어갔다 나오면 다른 회사를 선택할 수 있는 폭과 가능성도 훨씬 커진다. 실제로 삼성에 입사하려는 지원자의 상당수가 삼성을 경력관리의 일환으로 택하는 것이 현실이다. 또한 삼성에서 퇴직 후 다른 기업의 CEO를 역임하거나 창업을 하는 경우도 많다. 다음과 같은 사례들은 삼성맨의 브랜드 파워를 입증해준다.

- **국내 상장기업 CEO 100명 중 일곱 명은 삼성 출신**
  - 코스피 상장기업 : 삼성 출신 CEO 비중은 3.8%
  - 코스닥 상장기업 : 삼성 출신 CEO 비중은 9.7%
- **5대 그룹 출신의 창업자 중 60%는 삼성 출신**
  - 창업한 기업은 118개사(코스피 8개사+코스닥 110개사)
  - 삼성 71개사, LG 28개사, 현대 7개사, SK 1개사, 대우 11개사

내 경우처럼 퇴직 뒤 제2의 인생을 고민하는 경우에도 삼성에서의 근무 경력은 큰 도움이 된다. 실제로 삼성맨은 퇴직한 후에도 크게 고민하지 않는다. 기존 퇴직자 대부분이 중견기업이나 중소기업에서 제2의 직장생활을 하고 있기 때문이다.

삼성의 CDCCareer Development Center 부서는 퇴직자를 대상으로 교육

과 컨설팅을 운영하고, 퇴직자의 재취업이나 창업을 체계적으로 지원함으로써 퇴직자의 새 출발을 돕는다. 현재 삼성전자는 상무급 임원이, 삼성전기는 부장이 CDC 부서장을 맡고 있다.

퇴임 임원의 경우에는 자문역으로 2년을 계약하는데, 1년간 사무실을 제공하고 재취업, 창업, 지식전문가 중 하나로 제2의 인생을 설계할 수 있도록 컨설팅을 지원해준다. 퇴직자를 대상으로 이력서를 작성하는 법은 물론이고 창업을 원하는 사람에게는 창업시장의 이해를 교육시키는 등 창업 컨설팅을 제공한다. 또한 재취업 희망자에게는 중견기업의 이해에 대한 교육을 실시하며 중견기업을 연결해주고 직급, 연봉 등에 관한 협의에도 직접 나선다. 이는 CDC가 평소에도 수시로 중견기업을 방문하여 전문 인력의 필요성을 확인하고, 퇴직자 정보를 중견기업에 제공하기 때문에 가능한 일이다. CDC를 통한 재취업 성공률은 90% 이상이고, 보통 50일(임원의 경우에는 대부분 6개월) 이내에 재취업이 된다. 퇴직자가 원하면 2회 이상 무한으로 재취업을 지원하는데, CDC 이용자의 20% 정도가 2회 이상의 재취업을 했다. 이렇게 다양한 교육 기회를 제공하는 2년간 해당 퇴직자가 재취업, 창업, 지식전문가 등 자신이 원하는 방향으로의 인생을 다시 시작하게 되면 CDC는 해당자에 대한 자문역 계약을 해지한다.

하지만 퇴직 뒤에도 이런 변신이 가능한 것이 반드시 CDC라는 부서가 있기 때문만은 아니다. 삼성이라는 싸움터가 곧 배움터인 만큼, 삼성맨은 경쟁에 익숙하고 이론과 경험을 겸비했으며 실천력이 강하다는 특징을 가지고 있다. 더구나 삼성은 여러 사업 분야에서 세계 일류 수준에 올라있고, 국내 업계에는 삼성 출신을 영입하는 것이 앞선 기술과 시스템을 가장 빨리 배우는 길이라는 인식이 퍼져있다. 때문에 삼성 출신이라는 브랜드 그 자체가 높은 이직 기회를 보장하는 것이다.

이런 것이 당신에게 의미하는 바는 무엇일까? 삼성에 입사한다면 당신은 힘든 만큼 많은 것을 배우게 된다. 젊음을 무기로 인생의 승부를 걸어보겠다면 얼마든지 치열하게 일할 수 있는 곳이 삼성이다. 삼성은 그러한 여건이 조성되어있고, 인사제도와 교육제도를 갖춘 곳이다.

취업 준비는 '나 자신을 찾는 과정'이고, 회사생활은 100미터 달리기가 아닌 마라톤이다. 그렇기에 시류에 휩쓸리지 말고, 긴 호흡으로 고민하고 준비해야 한다. 이제는 당신이 인생의 승부를 걸 만한 회사, 삼성의 채용 변화를 새로운 시각으로 살펴보자.

003

삼성의 열린 채용에 도전하라

과거와 달리 최근에는 대기업의 채용방식이 여러모로 달라지고 있는데, 변화의 핵심은 다음의 다섯 가지 트렌드로 요약된다.

- **지방대학 출신 우대**
  - 지방에 사업장이 많은 제조업 기반의 대기업에서 선호한다.
- **인성을 가장 중시**
  - 개인의 업무 능력은 키울 수 있지만, 인성은 바꿀 수 없기 때문이다.
- **인턴 경험자의 채용률 상승**
  - 인턴 프로그램을 실제 채용과 연계시키는 기업이 늘고 있다.
- **맞춤형 선발의 확대**
  - 정량적인 스펙 평가보다는 정성적인 평가를 통해 다양한 전문가를 채용한다.
- **자기소개서 중시**
  - 스펙을 상대적으로 덜 보는 대신 자기소개서는 여전히 중시한다.

10대 그룹의 5대 채용 트렌드

5대 트렌드	변화 사례	삼성 사례
①지방대학 우대	• 현대중공업 : 지방대학 출신 우대 제도 −2013년 상반기, 지방대학 비중 52% • 포스코, LG화학 : 40% 내외	• 3급 신입사원 −지방대 출신 비율 : 35% (함께 가는 열린채용 이전에는 27%)
②인성을 가장 중시	• 인성을 심층 검증하기 위해 면접 횟수와 시간을 확대하는 중	• 인성 검증 목적으로 면접의 대대적 변화 −임원면접시간 2배 확대 : 15분 → 30분 −변별력이 약한 집단토론 제외
③인턴 출신 채용	• 현대자동차 −성적이 우수한 인턴을 신입사원으로 채용 −대학 2~3학년 때부터 인턴 선정	• 1년에 1회 하계인턴 운영 −4~5월 모집, 7~8월 인턴 실습 • 7~8주 인턴 근무 후, 면접전형으로 채용
④맞춤형 선발 확대	• SK : 바이킹 챌린지 −자기소개서, PT 면접만으로 10% 채용 • 포스코 : 전역장교 특별 채용 • 롯데 : 여군 전역장교 특별 채용	• SCSA : 인문계 소프트웨어 전문가 육성 • 채용사정관제 도입 −면접, 에세이 만으로 채용 −음악 프로듀서, 시인, 해킹 동아리 회장
⑤자기소개서 중시	• LG, 포스코, 한화 : 탈스펙 블라인드 면접	• 에세이 강화 : 인생, 철학 등 가치관 검증

하지만 이런 트렌드가 삼성에게는 특별한 것이 아니다. 언론에서는 대기업이 채용과정에서 큰 변화를 시도하는 것처럼 기사화하고 있지만, 삼성은 이와 같은 내용을 오래전부터 일관되게 실천해오고 있다. 삼성

의 채용 사례를 다른 대기업과 비교해보면 내가 과감하게 삼성에 도전하라고 권하는 이유를 이해할 수 있을 것이다.

1957년 국내 기업 중 처음으로 대졸공채를 도입한 삼성은 당시에도 일류대학 출신을 우대하지 않았고, 그 후에도 공정한 절차를 통해 신입사원을 선발하는 삼성 특유의 채용 전통을 지켜오고 있다. 이것은 내가 입사한 1986년에도 마찬가지였다. 나와 함께 호암관에서 삼성그룹 입사 교육을 받았던 120명의 동기생 가운데 명문대 출신은 15% 수준에 불과했고, 그들도 나와 똑같이 서류 심사, 영어와 전공 시험, 면접을 거쳐 입사했다.

1995년 SSAT와 함께 삼성은 열린 채용, 즉 학력 제한을 철폐하고 모든 대학생이 공정하게 경쟁할 수 있는 기회를 제공하기 시작했다. 학력보다 능력을 우선시하는 채용이 제도화된 것이다. 다른 대기업들은 스펙을 중심으로 서류 심사를 거치고, 소수의 지원자에게만 직무적성검사 기회를 제공해왔다. 보통 지원자의 80% 이상이 서류 심사에서 탈락하지만 삼성은 일정 조건만 갖추면 모든 지원자에게 SSAT 응시자격을 준다. 공정하게 경쟁할 수 있는 기회를 제공한다는 의미에서다.

면접의 목적 또한 학력보다는 인성과 능력을 검증하는 데 집중했다. 명문대 출신에 대한 가산점도 없고, '한 번의 면접만으로는 지원자를 제대로 평가할 수 없다'는 이유로 인성면접, 프레젠테이션PT 면접, 집단토론의 3단계 면접을 시작했다(그중 집단토론은 시간과 여건상의 이유로 2013년에 폐지되었다).

여성 인력에 대해서는 그룹 차원에서 20~30%의 인원을 채용할 것을 엄격히 정해두었다. 이는 여성 인력 채용비율을 높이기 위한 방법인데, 삼성전자의 경우 최근 신입사원 중 28%가 여성이었다.

또한 삼성은 2012년부터 열린 채용을 확대, 발전시켜 '함께 가는 열린 채용'을 도입했다. 여러 가지 방식이 시도되었지만 설명의 편의를 위해 앞서 언급한 다섯 가지 채용 트렌드에 맞추어 이야기해보겠다.

우선 지방대학 출신에게 가점을 부여하여 채용비율을 높였다. SSAT 점수만으로 선발했다면 삼성전자의 경우 지방대 출신 비중이 27%에 그쳤을 것이다. 하지만 지방대학 출신의 경우 지방 근무에 대한 거부감이 없고, 성실하며, 회사에 대한 충성심이 높다는 긍정적인 요인이 많아 그 합격 비중을 35%까지 끌어올렸다. 또한 삼성은 지방대 가점과 비슷한 의미로 전체 공채 인원의 5%를 저소득층에 배정하고 있는데, 이것은 그룹 차원에서 제도화되어있다.

인성은 예나 지금이나 삼성이 가장 중요시하는 요소다. 회사의 문화에 적합하지 않은 인재는 조직 적응이나 업무성과 면에서도 뒤처진다. 이 인성을 심도 있게 파악하기 위해 면접 시 그에 대한 부분을 더욱 유심히 보는 것이다.

삼성은 2005년부터 대학생 인턴제도를 도입했는데, 인턴 경험을 한 대학생 열 명 중 여덟 명은 정직원이 되는 것으로 나타났다. 사실 면접만으로 모든 자질을 확인할 수는 없다. 그렇기에 7~8주 정도의 인턴과정은 해당 인물의 자질을 사전에 검증하는 수단이 되며, 관찰 기간이 길다는 점에서 그 결과도 가장 정확하다고 할 수 있다.

맞춤형 선발제도도 다양하게 확대되는 중이다. 삼성전자와 삼성SDS가 활용하고 있는 SCSASamsung Convergence Software Academy 전형이 그 대표적인 예다. 인문계 출신 인재를 소프트웨어 전문가로 선발하여 자체 육성하는 이 전형을 통과하면 입사 내정자 신분으로 SCSA에서 6개월간 총 960시간의 전문교육과정을 이수하고, 과정 수료 뒤에는 삼성의 정식 소프트웨어 엔지니어로 근무하게 된다.

그 외에 SSAT를 거치지 않고 면접만으로 채용하는 채용사정관제도도 있다. 음악 프로듀서, 시인, 해킹동아리 회장 등 다양한 경력의 지원자들이 이러한 제도를 통해 삼성에 입사했다.

에세이는 물론 중요하다. 뒤에서 좀 더 자세히 살펴보겠지만 에세이는 자기소개서보다 더 구체적으로 써야 하며, 그 안에 자신의 인생을 담아야 한다. 삼성 입장에서는 지원자가 얼마나 본인의 인생을 압축해서 보여주는지, 삼성이라는 회사에 대해서는 얼마나 알고 있는지를 확인하는 단서가 바로 에세이다.

이렇게 살펴보면 삼성 채용의 키워드는 '스펙보다는 열정과 전문성을 중시하는 공정한 경쟁'이라는 결론에 이른다. 어떤가? 이제 정말 도전해볼 만하다는 생각이 들지 않는가?

'인간미 있는 독종'이 되자

삼성의 채용절차에는 두 가지 목적이 있다. 물론 1차 목적은 합격자를 선발하는 것이지만, 더 중요한 것은 불합격자를 찾아내는 것이다. 이 말을 입사 지원자 입장에서 풀어보자면 '나는 삼성이 원하는 인재라는 점을 최대한 부각시켜야 합격할 수 있다'는 뜻이다. 당연한 말이지만 삼성뿐 아니라 어느 기업이든 자사 문화에 적합하지 않은 지원자라면 탈락시키고자 한다. 따라서 당신은 삼성이 싫어할 만한 인상을 주어서는 안 되고, 삼성은 SSAT, 에세이, 면접을 통해 이를 검증한다. 앞에서 설명한 '삼성 인재상의 비밀'을 상기해보자. 어떻게 해야 할지 감이 잡히는가?

삼성의 열린 채용에
도 전 하 라

삼성의 채용절차는 일에 대한 승부근성, 즉 독종 가능성이 있는 사람을 거르는 과정이다. 물론 '인간미가 있는 독종'이라면 최상이다. 자꾸 독종, 독종 하니까 부정적으로 느끼는 사람도 있을 것이다. 일반적으로는 '성질이 매우 독한 사람'을 독종이라고 일컫기 때문이다. 하지만 독종은 '차갑다' '냉정하다'는 부정적인 의미와 함께 '일에 미쳐 열심히 빠져들고 최선의 노력을 다한다'는 긍정적인 의미도 가진 단어다. 그러니 이 책에서 사용하는 '독종'이라는 표현을 가급적이면 긍정적으로 받아들여주길 바란다.

정신과 의사인 이시형 박사는 『공부하는 독종이 살아남는다』라는 책에서 공부를 습관이나 취미처럼 해내는 독종들의 공부법을 소개하고, 평생을 공부하고 관리하라고 조언한다. 또 우리나라의 대표적인 양궁 지도자인 서거원 감독이 쓴 『따뜻한 독종』에는 선수들 간의 무한경쟁과 최악의 상황을 가정한 지독한 훈련 이야기가 나온다. 누가 쏘았는지 모르는 레이저 불빛이 눈에 날아들고 악의에 찬 함성이 귀를 가득 메워도 과녁을 향해 활을 당겨야 하는 양궁 선수들은 얼마나 독종인가? 더불어 그들과 그 모든 훈련을 함께하며 지난 25년간 세계 정상의 자리를 지켜온 지도자들 또한 우리가 박수를 보낼 만한 독종 아닌가?

인간미에 대해서는 '삼성헌법'에 나와있는 말로 대신 설명하겠다. 삼성헌법은 정말 성문법成文法처럼 정해진 것이 아니라 지난 1993년 프랑크푸르트에서 이건희 회장이 발표한 '신경영 선언'과 함께 자주 언급된 내용인데, 삼성 직원들이 꼭 지켜야 하는 약속으로 삼는 것이기도 하다. 삼성헌법에서는 다음과 같은 말들로 인간미를 설명하고 있다.

• 길을 가던 아이가 넘어지면 아무리 급하더라도 일으켜주고 가는 것이 인

간미가 있는 것이다.

- 같이 있으면 훈훈하고 뭔가 모르게 느껴지는 것이 있는 사람이 되어야 한다. 웃을 때는 같이 웃고, 슬플 때는 같이 슬퍼해줘야 한다.
- 상사는 직장의 부모다. 남의 자식을 맡아서 삼성에 있으면 더 잘되게 해주고, 삼성을 떠나더라도 더 잘살 수 있게 해줘야 한다.
- 인간미라는 것은 남에게 좋은 소리만 하는 것이 아니다. 필요하면 언제든지 듣기 싫은 소리, 바른 소리를 할 줄 아는 것이 진정한 인간미다.
- 후배는 선배를 존경하고, 선배는 후배를 아끼고 지도하는 풍토를 만들어야 한다.
- 돈보다 인간미와 신용이 앞서야 한다.

일은 독하게 하되 그 과정에서 동료들과 신뢰를 만들어가는 사람이 바로 삼성이 채용하고자 하는 인재, '인간미 있는 독종'이다. 삼성의 면접평가 기준만으로 보면 '승부근성이 있되 협력과 조화의 능력도 발휘할 수 있는 사람'이다. 삼성의 신입사원 인재상에서 가장 많이 등장하는 단어가 '열정'인데, 이 '열정'이라는 단어야말로 독종과 같은 맥락의 표현이 아닐까?

"평소 생각하시는, 삼성이 원하는 인재는 어떤 사람인가요?"

한 대학생 기자가 삼성의 인사임원에게 묻자 그는 이렇게 답했다.

"제가 선호하는 인재는 열정적인 사람입니다. 열정적이라는 것은 주인의식과 문제의식을 갖고 있음을 뜻합니다. 열정이 있으면 의지도 있고, 의지가 있으면 주인의식도 있을 것이며, 그러다 보면 실천력도 생기기 마련입니다."

삼성이 최종적으로 원하는 것은 열정을 발휘하는 실행력이다. 삼성에서의 실행력은 '조직이 원하는 목표물을 가시적인 성과로 만들어내는 능력'을 말한다. 일에 대한 열정과 실행력이 있는 사람. 이는 승부근성과 프로근성을 가진 독종을 표현하는 또 다른 말이다.

취업 전형에서 독종으로서 차별화된 강점을 당신에게서 발견하지 못하면 삼성의 면접위원은 당신을 탈락시킬 이유를 찾을 것이다. 그들이 그 이유를 절대 찾을 수 없게끔 스스로를 다듬어라. 그것이 합격의 방법이다. 자세한 선발 및 탈락의 기준은 지원한 계열사의 업종, 직무, 지원자의 전공에 따라 달라질 수 있다. 면접에 대한 사항은 이 책의 4장에서 자세히 설명하겠다.

004

삼성이 원하는
스펙?

대한만국 10대 기업에 합격한 지원자들의 평균 스펙을 보자. 이들은 3.7점의 학점과 852점의 토익 점수를 갖고 있고, 어학연수와 인턴을 1회씩 경험했으며 1.8개의 자격증을 취득했다(중앙일보, 2012.10.26).

스펙. 이 정체모를 신조어가 우리나라 대학생들을 힘들게 하고 있다. 학점을 짜게 주는 교수의 수업은 기피 대상이고, 토익 점수 몇 점을 올리기 위해 부정행위를 시도하거나 이를 부추기는 사람들이 생겨나기도 한다. 어학연수는 안 가는 것이 외려 이상한 분위기고, 각종 자격증 시험장은 지원자들로 인산인해를 이룬다.

스펙이 별로 중요하지 않다 해도 여러 기업이 기본적으로 원하는 사항이 결국 학점이나 어학점수다 보니, 학생들 입장에서는 다만 몇 점이라도 올리기 위해 노력할 수밖에 없다는 것은 이해할 수 있다. 하지만 스펙에 집중하는 시간을 조금만 줄이고 다른 곳으로 시각을 돌렸으면 하는 것이 내 솔직한 바람이다. 일정 수준의 점수까지는 무난하게 향상시킬 수 있지만 그 단계를 넘어가면 약간의 점수를 올리는 데도 너무나 많은 노력이 필요하기 때문이다. 그 노력이 나쁘다는 것은 아니지만, 소요되는 시간 대비 효과를 생각하면 가급적 몇 점의 시험점수보다는 진정 기업이 필요로 하는 인재가 되는 데 노력을 쏟는 것이 좋지 않을까?

지피지기知彼知己면 백전백승百戰百勝. 지금부터 삼성이 원하는 스펙에 대해 알아보도록 하자.

지원자와 기업의 인식 차이

모두가 인정하다시피 일정 수준의 스펙은 필요하다. 문제는 필요 이상의 과다 스펙을 만들어야 한다고 생각하는 대학생이 의외로 많다는 것이다.

실제로 어떤 스펙이 합격에 큰 영향을 주는가에 대해서는 대학생과 기업의 인식 사이에 큰 차이가 있다. 한국개발연구원이 '취업 기준에 대한 기업과 대학생 간의 인식 차이'를 분석한 기사를 살펴보자(한국경제신문, 2012.6.4). 이 내용은 삼성만이 아닌 모든 기업에 해당하는 것이므로 매우 귀중한 자료라 하겠다.

취업 기준 우선순위에 대한 인식의 차이

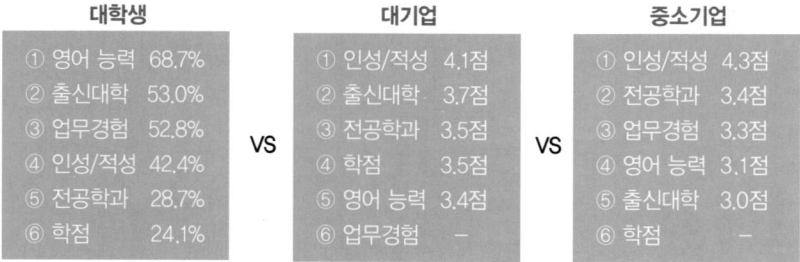

대학생	대기업	중소기업
① 영어 능력 68.7%	① 인성/적성 4.1점	① 인성/적성 4.3점
② 출신대학 53.0%	② 출신대학 3.7점	② 전공학과 3.4점
③ 업무경험 52.8%	③ 전공학과 3.5점	③ 업무경험 3.3점
④ 인성/적성 42.4%	④ 학점 3.5점	④ 영어 능력 3.1점
⑤ 전공학과 28.7%	⑤ 영어 능력 3.4점	⑤ 출신대학 3.0점
⑥ 학점 24.1%	⑥ 업무경험 –	⑥ 학점 –

※대학생은 복수응답. 기업은 중요도(5점 척도).

영어 능력은 대학생이 취업 기준의 1순위로 꼽았지만, 대기업의 인사 담당자는 꼴찌 수준인 5순위로 선정했다. 반대의 경우도 있다. 대기업과 중소기업의 인사담당자는 인성/적성을 압도적인 1순위로 선정한 데 비해 대학생들은 4순위로 정도로 생각하고 있다. 이것만 보더라도 상호의 인식에 상당한 괴리가 있음을 확인할 수 있다.

대기업과 중소기업 사이에도 미묘한 차이는 있다. 대기업이 여전히 출신대학과 전공학과를 중시하고 있음에 비해, 중소기업은 출신대학보다 전공학과와 업무경험을 중시하는 것으로 분석되었다. 대학생의 취업난 속에서도 아이러니하게 인력난을 겪고 있는 중소기업의 현실을 반영한 결과라 할 수 있겠다.

어떤 대학생은 이렇게 반문할지 모르겠다.

"대학생 입장에서 인성이나 적성, 출신대학, 전공학과는 바꾸거나 향상시키기 어려운 요소들이니 결국 학점이나 영어, 자격증 등의 스펙을 향상시키는 데 매달릴 수밖에 없지 않나요?"

이런 하소연에는 사실 나도 일정 부분 동의한다. 하지만 주어진 여건에 대해 한탄만 하기보다는 어떻게든 해결방안을 찾아서 도전하는 것이 좋지 않겠는가? 당신에게 삼성에 도전하라고 권유한 나도 해결방안을 찾기 위해 진지하게 고민했고, 그 결과를 '삼성 합격으로 가는 4대 비법'으로 정리할 수 있었다. 이에 대한 이야기는 뒤에서 하기로 하고, 우선 여기에서는 삼성이 원하는 스펙에 대해 좀 더 알아보자.

삼성은 다른 기업들과 다르다. 앞서 말했듯 우리나라 대기업 가운데 소위 '일류 스펙'을 가장 중시하지 않는 회사이기 때문이다. 다만 인성/적성을 1순위로 꼽는 점에서는 타 기업들과 동일하다. 아니, 어쩌면 상대적으로 더 중시한다고도 할 수 있다. 다른 스펙들은 일정 수준의 기준만 넘으면 SSAT 시험을 볼 자격을 얻는 수단이 되지만 그 이후에는 별 의미가 없는 반면, 인성/적성은 면접 및 에세이 등에서 가장 중요하게 평가하는 요소이기 때문이다. 기억해두자. 삼성의 면접위원은 스펙에 현혹되지 않는다.

삼성은 '현장 스펙'을 원한다

- **인성/적성** : 다른 대기업보다 중요하게 평가한다.
- **출신대학** : 출신대학에 따른 가산점이 없다.
- **전공학과** : 응시자가 지원한 직군별로 다르다.
  - 연구개발직군은 필요기술에 따라 전공을 제한한다.
  - 영업마케팅직군, 경영지원직군은 전공에 제한이 없다.
- **학점** : 지원 기준은 3.0 이상이고 3.5 이상이면 무난하다.
- **영어** : 지원 기준 이상이면 된다.

다음 페이지의 그림은 삼성 면접위원의 입장에서 그려본, 스펙과 적합성을 축으로 하는 매트릭스다. 지원자 개개인의 스펙은 영어 능력, 출신대학, 학점, 자격증 등을, 적합성은 지원자의 인·적성이 삼성 문화와 적합한 정도를 의미한다. 스펙과 적합성이 모두 뛰어난 1영역 지원자는 당연히 합격인 반면, 스펙과 적합성이 모두 미흡한 4영역의 지원자는 탈락이다. 고민의 대상은 2영역과 3영역에 있는 사람들인데, 과연 삼성의 면접위원은 어느 지원자를 합격시킬까?

대부분의 삼성 면접위원은 2영역 지원자에게는 합격, 3영역 지원자에게는 탈락이라는 결과를 통보할 것이다. 개인의 스펙은 교육을 통해 향상시킬 수 있지만, 기업문화와의 적합성은 변화시키기 어렵기 때문이다.

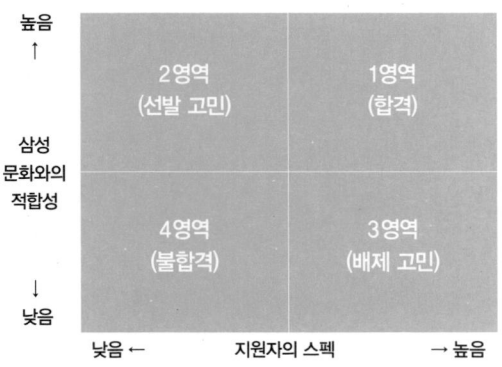

스펙과 삼성문화와의 적합성, 무엇이 더 중요한가?

	높음 ↑		
삼성문화와의 적합성		2영역 (선발 고민)	1영역 (합격)
		4영역 (불합격)	3영역 (배제 고민)
	낮음 ↓		
	낮음 ←	지원자의 스펙	→ 높음

　면접위원은 신입사원의 스펙이 입사 후에 실무 능력으로 연결되지 않는다는 사실을 이미 알고 있다. 직원을 채용하는 것은 인적자산에 대한 장기투자를 의미한다. 즉, 한 명의 신입사원이 삼성맨으로 성장하려면 오랜 시간과 투자가 이루어져야 한다는 뜻이다. 그것이 삼성문화에 적합한 지원자, 삼성에서 임원으로 성장할 가능성이 있는 지원자를 선택하는 이유다. '하지만 말만 그럴 뿐, 삼성도 다른 대기업처럼 여전히 스펙이 좋은 사람을 뽑을 거야'라며 우울해하는 지원자들에게는 삼성의 인사임원이 밝힌 다음의 입사 통계자료가 위로가 될 듯하다.

　2012년 하반기, 삼성그룹 전체 합격자는 4,000명 수준이었다. 그중 30세 이상의 합격자는 650명이었고 최고령 합격자는 35세였다. 합격자들의 출신대학은 120곳이었고 전공은 110가지나 되었다. 주요 대학의 전공 수가 150여 개인 것을 감안하면 삼성이 입사 전형에서 얼마나 전공에 대해 개방적인지를 알 수 있다. 작곡학, 고고미술학은 물론 한문학을 전공했지만 IT 전문가로 합격한 사람도 있었다. 그런가 하면 양부모가 1급 장애우인 가운데 태권도 실력을 살려 합격한 여사원도 있고,

두 다리가 없는 1급 장애우가 금융 컨설턴트로 입사한 예도 있다. 이미 SSAT 관문을 두드렸지만 몇 번 실패했다고 포기하지도 말자. 7전 8기를 넘어 8전 9기의 사례를 기록한 사람도 있으니 말이다.

삼성은 왜 영어 능력을 중시하지 않을까?

영어 능력은 삼성의 입장에서 더 이상 차별화된 경쟁력이 아니다. 과거와 달리 최근 대학생들의 영어 실력은 평균적으로 상승했고, 실무에서도 영어는 일정 수준 이상이 되면 충분하다. 그런 이유로 삼성은 영어 실력이 월등하게 뛰어난 지원자라 해서 특별히 좋은 평가를 주지는 않는다. 그저 영어회화 시험에서 최소한의 자격 요건을 충족시키는 수준의 점수만 따면 되니, 삼성 입사 전형에서의 영어 시험은 서류 전형을 필터링하는 도구에 그칠 뿐이다. 참고로 2013년 삼성전자 입사 전형에서의 영어회화 등급 기준은 다음과 같다.

2013년 삼성전자 입사전형에서의 영어회화 등급 기준

	OPIc	토익스피킹
영업마케팅직, 경영지원직	IM	Level 6
연구개발직, 설비직, 기술직	IL	Level 5
소프트웨어직	NH	Level 4
디자인직	해당사항 없음	

임원면접이나 직무역량면접의 평가 항목에도 영어 실력과 관련된 것

은 없다. 토익 900점이 넘는 고득점자라 해서 특별히 가산점을 주는 것도 없고, 해외유학이나 어학연수 경력도 면접평가에 큰 영향을 미치지 않는다. 다만 면접 때 참고자료로 활용될 뿐이다. 그러니 영어점수를 900점 이상으로 올리기 위해 시간적·금전적으로 과다하게 투자할 필요가 없다는 것이다. 그보다는 차라리 제2외국어에 투자하는 것이 좋다. 영어와 함께 중국어든 일본어든 제2외국어를 겸비하면 좋은 평가를 받을 수 있기 때문이다.

삼성의 경우 이미 전자 계열사들은 중국어 가능자를 우대하고 있다. 현재 중국에서 다수의 생산법인과 판매법인을 운영하고 있는 삼성은 다수의 중국어 가능자를 필요로 하는데 실제로는 턱없이 부족한 상황이다. 게다가 중국어는 공부하기가 어렵고 일정 수준에 도달하는 데까지도 장시간이 소요되기 때문에 삼성 내부에서 중국에 파견할 주재원을 육성하려면 사원들의 중국어 공부에 장기적인 투자를 할 수밖에 없다. 이런 현실적인 문제점을 해결하기 위해 중국어 가능자를 입사 전형에서 우대하는 것이다.

중국어의 경우, 다음의 다섯 개 자격을 가진 지원자는 가점 대상으로 최대 5%의 가산점을 받을 수 있다. 500점 만점에서 5%는 25점에 해당되니 당락을 결정할 만큼 큰 점수라 하겠다.

- 필기:BCT(602점 이상), FLEX 중국어(620점 이상), 신 HSK(신 5급 195점 이상)
- 회화:TSC(Level 4 이상), OPIc 중국어(IM1 이상)

다음의 네 개 기관에서 발급하는 한자 자격증을 보유한 지원자도 가점 대상이 된다.

- 한국어문회(3급 이상), 한자교육진흥회(3급 이상)
- 한국외국어평가원(3급 이상), 대한검정회(2급 이상)

　소위 스펙이란 겉으로 드러나는 숫자와 자격을 뜻한다. 삼성에는 성적 및 어학에 대한 기본 기준이 있고, 그것을 충족시키는 지원자라면 '삼성이 원하는 기본 스펙'은 갖추었다고 볼 뿐 더 이상의 큰 의미는 두지 않는다. 실제로 면접위원은 면접에 참석하기 전 '스펙에 따라 지원자들을 판단하지 말라'는 내용의 교육을 받는다. 그러니 '남보다 점수나 등수로 앞서겠다'는 생각보다는 '삼성에 들어가서 기존 조직원들과 최대한 융화될 수 있고, 그것을 위해 최선의 노력을 하겠다'는 생각을 어필하는 것이 중요하다. 삼성의 공채에는 '수치와 자격으로 지원자에 대한 선입견을 품지 말아야 한다'는 분위기가 형성되어있음을 반드시 기억해 두자. 이는 면접위원이었던 여러 임원들의 조언을 통해서도 알 수 있다.

　"대학생들은 '삼성에 들어가려면 어학 점수가 몇 점이어야 하고, 이러저러한 자격을 갖추어야 한다'라고 생각하는데, 그건 오해입니다. 수치와 자격으로 측정된 스펙에 가장 현혹되지 않는 곳이 삼성이거든요. 물론 다양한 경험을 해봤다는 것은 좋지만, 간혹 '이건 남들에게 보여주기 위한 경험이 아닐까?'라는 생각이 드는 지원자들이 있어요. '외국 연수를 다녀왔다' '어학 점수가 높다'는 것에서 끝나는 스펙이라면 삼성에서는 별로 효과가 없습니다."(인사팀 임원, 면접위원)

　"입사지원서를 보면 입이 떡 벌어지는 수치와 자격을 가진 지원자가 있어요. 특히 어학연수를 통해 뛰어난 영어 실력을 갖춘 지원자들이 많습니다. 물론 그런 분들은 대단하다는 생각이 들지만, 그렇다고 그것이 뛰어나게 우수한 인재임을 입증하는 증거라고는 할 수 없어요. SSAT를 통과해서 면접까지 온 다른 분들도 결코 뒤떨어지는 사람은 아니거든요. 면접까지 왔다는 그 사실만으로도 본인의 의지와 노력에 따라 얼마든지 더 발전할 수 있는 사람들이라고 생각합니다.

영어 실력을 향상시키기 위한 어학연수에도 일장일단—長—短이 있어요. 영어 실력이 좋으면 일정 수준의 평가를 받지만, 어학연수를 했다는 분의 영어 실력이 기대에 뒤떨어지면 오히려 그것이 감점 요인으로 작용하기도 합니다."(개발부서 임원, 면접위원)

삼성은 왜 인성을 가장 중시할까?

앞서 살펴봤듯이 대학생들은 인성이라는 요소의 중요도를 낮게 생각하는 것에 반해 삼성은 가장 높게 여긴다. 그 이유는 무엇일까?

첫째, 삼성은 '내부에서 협업이 가능한 사람'을 원한다. 기업은 혼자 일하는 곳이 아니다. 여러 기능부서가 종적·횡적으로 연결되어 매출과 이익을 만들어내고, 한 부서 안에서도 여러 동료들이 각자의 역할을 수행하며 협업을 통한 결과물을 내놓아야 한다. 그렇기에 구성원들과 같이 협력하여 일할 수 있는 인성을 중시하는 것이다.

둘째, 삼성은 '삼성에서 오래 근무할 사람'을 원한다. 기업 입장에서 한 명의 직원이 퇴직한다는 것은 생각 이상의 손실을 가져온다. 퇴직 당사자에 대해 기존에 이루어졌던 투자는 물론 후임자에 대한 투자까지 고려하면 그 비용이 엄청나기 때문이다. 그래서 아무리 스펙이 훌륭하더라도 중간에 퇴사할 가능성이 있는 사람에게는 좋은 평가를 주지 않는다. 다시 말해 동일한 조건이라면 오래 근무할 사람, 즉 인성/적성이 자사에 적합한 사람을 선택하게 되는 것이다.

셋째, 삼성에는 '인성은 교육을 통해 바뀌지 않는다'는 믿음이 있다. 면접 시의 평가 항목을 잘 살펴보자. 다른 항목이나 역량들에서는 개인의 노력에 따라 좋은 변화나 결과를 이끌어낼 수 있지만 인성은 타고나는 측면이 강하다. 한 사람이 태어나서 성인이 되는 시간 동안 이미 형성되어버린 인성은 바꾸기 어렵다. 그러니 삼성의 입장에서는 면접을 통해 삼성 문화에 적합한 인성을 가진 지원자를 가려낼 수밖에 없고, 그렇기에 면접위원은 지원자에게 질문을 던지고 그에 대한 답변을 들으며 그것의 행간을 읽기 위해 노력한다. 그 행간에 있는 것이 바로 인성이기 때문이다.

따라서 지원자 입장에서는 '살아오는 동안 나는 이런저런 경험을 했다'며 경험의 종류가 많음을 자랑하기보다, 비록 종류는 적더라도 그것을 통해 자신을 한 단계 성장시킬 수 있었음을 밝히는 것이 중요하다. 후자에 비해 전자는 '보여주기식'의 느낌을 강하게 주기 때문이다. 당신이 무기로 삼아야 하는 것은 오직 열정과 진정성이다. 그러니 절대로 스펙이 부족하다거나 경험한 바가 적다는 이유로 기죽지 말자.

005

취업 게임의 룰이
바뀌고 있다

    삼성의 채용 절차는 간단히 ①입사지원서 작성, ②SSAT 전형, ③에세이 작성, ④면접 전형의 순으로 진행된다. 정해진 지원 기준을 갖춰서 입사지원서를 접수하면 삼성은 다음의 세 가지 기준에 따라 지원서를 평가하고, 이 기준을 통과한 지원자라면 누구에게나 SSAT 응시자격을 부여한다.

- 평균 3.0학점 이상(4.5학점 만점 기준)
- 일정 기준의 외국어 회화 등급(OPIc 또는 토익 스피킹)
- 군필자 또는 군 면제자

    SSAT는 매년 4월과 10월에 시행되는데, 이 시험을 통과하면 에세이를 작성하고 면접을 보는 절차가 이어진다. 일단 지원서 심사에서 엄격한 잣대로 걸러낸 다음 소수 지원자에게만 직무적성검사 응시기회를 주는 다른 대기업과는 다르다.

에세이를 작성해서 제출한 뒤에는 인성검사 및 두 가지 면접(임원면접, 직무역량면접)을 거쳐야 하는데 면접은 오전이나 오후, 한나절 안에 모두 끝내는 것이 원칙이다. 면접에 합격하고 건강검진에 이상이 없으면 최종 합격이 된다.

삼성은 채용절차에서 '단계별 졸업방식'을 적용한다. 다시 말해 입사 지원서 검토, SSAT 전형, 면접 전형의 세 가지 결과를 종합하는 것이 아니라 각 단계마다 독립적으로 합격자를 선정한다는 의미다.

삼성은 2013년 채용제도에 변화를 주었고 2014년에는 전면적인 개편을 시도했는데, 이를 보도한 언론들은 많았지만 변화의 핵심을 올바로 알려주는 기사는 없었다. 그렇다면 여기에서 삼성이 변화를 시도한 배경을 제대로 분석해보자.

최근 변화의 핵심은 '면접 시간'에 있다

2013년 삼성의 채용제도에서는 두 가지가 바뀌었다.

하나는 SSAT 전형에서 직무적성검사와 인성검사를 분리한 것이다. 이전에는 SSAT 시험일에 직무적성검사와 인성검사를 동시에 진행했지만, 이제는 전자를 우선 치른 뒤 SSAT 합격자에 한해 후자를 치르게 하는 것으로 바뀌었다.

또 다른 변화는 면접 전형에서 집단토론을 제외한 것이다. 인성면접, PT면접, 집단토론 등 세 가지였던 면접 전형이 이제는 인성면접과 PT 면접으로 축소되었고, 명칭도 '임원면접'과 '직무역량면접'으로 각각 바뀌었다.

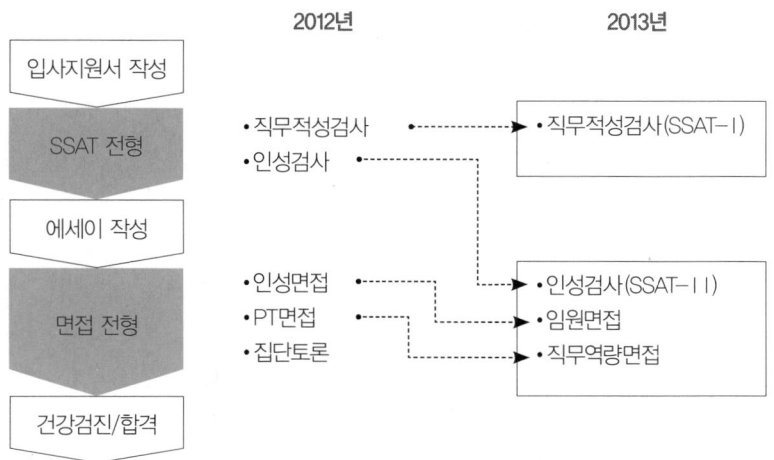

2013년 채용제도의 변화 내용

삼성이 2013년에 이러한 변화를 시도하게 된 배경은 무엇일까?

표면적인 이유는 지원자들의 부담을 줄여주겠다는 것이다. 사실 지원자들 사이에서는 '하루에 4시간 동안 직무적성검사와 인성검사까지 모두 치르다 보면 집중력이 떨어진다'는 불만이 지속적으로 제기되었다. 이를 해소하기 위해 인성검사 만큼은 SSAT 합격자들에 한해 시행하게 된 것이다. 기존의 세 가지 면접에서 집단토론을 제외한 것 역시 지원자들이 느낄 중압감을 덜어주겠다는 목적으로 취해진 조치다.

하지만 삼성 채용제도의 구성을 조금 아는 사람들이라면 적어도 인성검사 분리는 SSAT 점수와 관계가 없음을 쉽게 눈치 챌 수 있다. SSAT 시험은 흔히 지원자들 사이에서 직무적성검사와 인성검사라고 불리는 두 가지 영역으로 구성되는데, 삼성 내부에서는 이를 각각 SSAT-I 과 SSAT-II라고 부른다. SSAT-I은 다시 언어력·수리력·추리력 검사인 '기초능력검사'와 직무상식·상황판단력 검사인 '직무능력검사'의 두 가지로 나뉜다. SSAT-Ⅱ는 개인성향·대인성향·업무성향을 측정하기 위한 인성검사다.

SSAT 시험의 영역 구분

SSAT-Ⅰ	**기초능력검사**	1	언어력	
		2	수리력	
		3	추리력	
		4	공간지각력	2014년부터 추가
	직무능력검사	1	직무상식	
		2	상황판단력	2013년 하반기 폐지 (인성검사에 포함)
SSAT-Ⅱ	**인성검사**	1	개인성향	
		2	대인성향	
		3	업무성향	

예전부터 지원자들이 삼성 입사전형에 관해 단골로 던지는 질문 중 하나가 '인성검사도 SSAT 점수에 포함되나요?'였는데, 확실하게 말하지만 답은 '포함되지 않는다'다. 이는 곧 SSAT-Ⅱ를 분리해서 시행한다 해도 SSAT 시험의 합격자 선정 기준은 예전과 똑같다는 것을 뜻한다. 다시 말해 SSAT 분리나 집단토론 제외라는 두 가지 변화는 사실 지원자들에게 시험에 대한 부담을 조금 줄여주었다는 것 이외에는 별 영향력이 없는 것이다.

그렇다면 '삼성은 왜 굳이 큰 영향력이 없는 변화를 시도한 것일까?'라는 의문이 든다. 단순히 시험에 대한 중압감이 조금이나마 해소되도록 지원자들을 배려하겠다는 의도에서였을까? 아니면 그보다 더 중요한 변화가 있는데 우리가 눈치 채지 못한 것일까? 삼성에서의 경험을 바탕으로 2013년도 삼성 채용제도의 변화를 분석해보니 정답은 두 번째

임을 알 수 있었다.

2013년 삼성 채용제도에 있어 가장 큰 변화는 면접시간이 두 배로 길어졌다는 점이다. 개별 질문을 통해 지원자의 기본 인성과 조직 적응력 등을 평가하는 임원면접의 경우 지원자 1인당 15분이었던 기존 면접시간이 변화 후에는 30분으로 두 배가 늘어났다. 더불어 직군별로 기본적인 실무 능력과 활용 가능성을 평가하는 직무역량 면접시간 역시 기존의 10~15분에서 10~30분으로 길어졌다. 이렇게 두 배로 확대된 면접시간은 지원자들에게 큰 부담으로 작용할 수밖에 없다. 면접장에서 보통 한 가지 질문에 대해 답변하는 시간은 1~2분에 불과한데, 그렇다면 기존에는 각 면접에서 열 개 정도의 질문에만 답하면 됐던 것이 앞으로는 스무 개 정도로 늘어남을 뜻하기 때문이다.

삼성이 집단토론을 제외한 대신 이렇게 면접시간을 확대한 이유는 임원면접과 직무역량면접을 심화시키기 위해서다. 사실 그동안 면접위원들 사이에서는 '1인당 10~15분 정도로는 지원자를 제대로 평가할 수 없다'는 문제점이 꾸준히 제기되어왔다. 몇 개 되지 않는 질문을 던지고 그에 대해 지원자가 미리 준비해온 답변을 듣는 것에만 시간이 모두 소요되니 제대로 된 평가가 이루어질 수 없음은 어찌 보면 당연하다. 이는 예부터 아무리 스펙이 좋고 SSAT 점수가 월등히 높은 지원자라 해도 면접에서 가산점을 주지는 않을 정도로 면접을 중시해온 삼성의 원칙과 대치되는 것이기도 했다. 따라서 삼성이 표방하는 '인성과 역량이 뛰어난 인재'를 뽑으려면 면접 전형에서 지원자들을 더욱 객관적으로 평가할 필요가 있었다.

이제 면접시간이 두 배로 확대되었으니 질문 내용은 더욱 다양해지고, 깊이 또한 깊어질 것이다. 실제로 '길어진 면접'이 시행된 2013년부터 면접위원들은 이전보다 여유를 갖고 한 가지 주제에 대해 심화질문을 던지는, 즉 지원자의 답변을 구체적으로 파고들어 사실 여부까지 검증하는 경우가 늘어나기 시작했다. 다음이 그 예에 해당한다.

면접위원 : 당신의 장점은 무엇인가요?

지 원 자 : 성실성입니다. 항상 주어진 일에 최선을 다하는 성실함이 제 장점입니다.

면접위원 : 실제 사례를 들어서 증명할 수 있나요? (1차 심화질문)

지 원 자 : 대학 4학년 때 A프로젝트를 다섯 명의 멤버들과 진행하면서 (중략) 어려웠지만 무사히 마칠 수 있었습니다.

면접위원 : A프로젝트에서 당신은 어떤 역할을 맡았나요? (2차 심화질문)

지 원 자 : 전체 리더와 결론 부분의 발표자 역할을 했습니다.

면접위원 : 리더 역할을 수행하면서 자신이 부족하다고 느낀 점이 있었나요? (3차 심화질문)

지 원 자 : 무엇보다 리더로서 멤버 전원의 적극적인 참여를 끌어내는 것이 어려웠습니다. 특히 소극적인 성격의 멤버들을 참여시키는 것이 가장 힘들었습니다.

면접위원 : 그 부족함을 개선하기 위해 시도한 노력이 있나요? (4차 심화질문)

지 원 자 : 리더십 관련서들을 읽어보고 (중략) 경험이 중요하다고 생각합니다.

이전 같았으면 시간 제약 때문에 기본 질문과 1차 심화질문 정도에 그쳤겠지만, 시간이 늘어난 만큼 이제 면접위원들은 위와 같이 4차 심화질문까지 던지는 것이 가능해졌다. 이런 질문들에 대해 지원자가 제대로 답변할 수 있는 방법은 오직 '자신이 직접 경험한 사례를 중심으로 이야기하는 것'이다.

유보된 채용 변화, 게임의 룰이 바뀌고 있다

"삼성에 입사하려면 이제 어떻게 해야 되나요?"

삼성이 채용제도 전반을 바꾸겠다고 발표한 이후 많은 이들은 내게 자주 이렇게 물었다. 삼성은 2014년에 채용제도의 전면적인 변화를 시도하며 개편안을 발표했다. 당시 변화의 핵심은 '삼성고시'로 불리는 SSAT의 부작용을 없애겠다는 것이었다. 삼성은 '지금까지 SSAT 응시가 입사시험의 출발이었다면, 이제부터는 SSAT 응시자격을 제한하되 경로는 다양화하겠다'며 SSAT에 쏠리는 사회적 관심을 줄이겠다는 의향을 보였다.

이를 위해 삼성은 서류 전형을 통과한 지원자에 한해 SSAT 응시자격을 부여하는 기존의 정시 채용을 유지하면서 수시 채용을 도입하는 방식을 택하려 했다. 이때의 수시 채용은 '대학총장 추천제도'와 '찾아가는 채용제도'를 말한다. 즉, 대학총장 추천을 받는 지원자 및 찾아가는 채용과정을 통과한 지원자라면 서류 전형을 건너뛰고 바로 SSAT를 치를 수 있게 하려 했던 것이다. 한마디로 정리하자면 SSAT의 성격을 '누구나 볼 수 있는 것'에서 '누구나 볼 수는 없는 것'으로 바꾸려 했던 셈이다.

이 같은 개편안이 발표되자 "삼성마저 직무적성검사 응시기회를 박탈하려 한다"라는 불만이 취업 준비생들로부터 나왔고, 이 논란은 대학별 총장추천 인원이 공개되면서 커졌다. 대학별 추천 인원수가 세부적으로

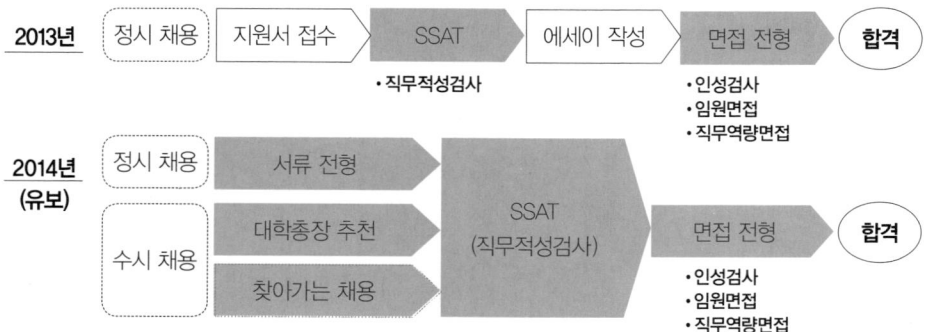

2014년 채용제도의 변화 내용(유보)

| 2013년 | 정시 채용 → 지원서 접수 → SSAT · 직무적성검사 → 에세이 작성 → 면접 전형 · 인성검사 · 임원면접 · 직무역량면접 → 합격 |

| 2014년 (유보) | 정시 채용: 서류 전형 / 수시 채용: 대학총장 추천, 찾아가는 채용 → SSAT (직무적성검사) → 면접 전형 · 인성검사 · 임원면접 · 직무역량면접 → 합격 |

공개되자 대학총장 추천제의 본래 의미가 왜곡되어 전파되면서 대학 서열화, 지역 차별, 여자대학 홀대라는 지적이 빗발치는 바람에 급기야 삼성은 개편안 발표 14일 만에 백지화를 결정했다. 비록 백지화되긴 했지만 이번 개편안은 앞으로 진행될 개선방향에 큰 영향을 줄 것이다. 삼성이 백지화란 표현 대신 '개선안을 전면 유보한다'는 표현을 쓴 이유가 이것이기도 하다.

특히 1995년 폐지했다가 19년 만에 부활시키려 했던 서류 전형에 개선 방향의 열쇠가 있다. 삼성은 서류 전형 부활의 배경으로 두 가지를 거론했다. 첫째는 SSAT 응시자격을 제한하여 응시인원을 줄이겠다는 것이었고, 둘째는 갈수록 전문화·세분화되는 직무를 수행하게 될 지원자를 심층적·종합적으로 검증하겠다는 것이었다. 취업 준비생인 당신은 두 번째 배경에 주목해야 한다. 향후 삼성에 입사하려면 대학 시절부터 어떻게 준비해야 하는지 엿볼 수 있기 때문이다. 삼성이 서류 전형에서 검증하려고 했던 평가 항목은 다음의 세 가지다.

- 세부 학업내역
- 전문 역량을 쌓기 위한 준비과정과 성과
- 가치관 평가를 위한 에세이

세부 학업내역은 '전공과목 성취도'를, 전문 역량을 쌓기 위한 준비과정과 성과는 '직무관련 경험'을 말한다. 가치관 평가를 위한 에세이는 삼성의 인재상에 적합한가를 검증하기 위한 것이다. 이들 평가 항목은 기존의 에세이의 그것과 동일하며, 면접 전형에서 집중적으로 검증될 것이다. 다시 말해 입사 지원자들이 면접 전형을 통과하고 최종 합격으로 가는 열쇠가 여기에 숨어있다는 의미다.

하지만 SSAT 전형에 대해서만큼은 개편안이 적용된다. 문제의 내용이 논리적 사고력을 측정하는 것으로 바뀌고, 공간지각력이 추가되었으며, 직무상식에서는 인문학 지식과 역사 문항이 확대된다. 이에 대비하는 4대 비법은 삼성에서의 내 경험과 채용제도의 변화 내용을 바탕으로 일단 아래의 표에서 간단히 소개한 뒤, 각 장의 말미에서 자세히 설명하겠다.

삼성 채용제도의 변화 내용 비교

	기존 내용	변화 내용	4대 비법
서류 전형 평가 항목 (유보)	• 학력내용	• 세부 학업내역	• 작은 T자형 인재가 되자
	• 에세이 ③ −현재까지의 노력과 성과	• 전문 역량을 쌓기 위한 준비과정과 성과	• 시간 스토리를 만들자

서류 전형 평가 항목 (유보)	• 에세이 ① －삼성을 선택한 이유 • 에세이 ② －삼성에서 이루고 싶은 꿈 • 에세이 ④ －사회 이슈에 대한 견해	• 가치관 평가를 위한 에세이	• 덧셈과 뺄셈을 하자
SSAT 개편 (시행)	• 지식, 암기력 테스트 • 언어력, 수리력, 추리력, • 직무상식, 상황판단력	• 논리적 사고력 측정 • 공간지각력 추가 • 직무상식에서는 인문학 지식, 역사 문항 확대	• 논리적 사고력을 기르자

'친구 따라 강남 가듯' 취업을 준비해서는 안 된다

학점 0.1점을 올리려고 재수강도 마다하지 않고, 토익점수 10점을 더 받자고 되풀이해 시험을 보는 취업 준비생이 많다. 하지만 이러한 방식은 더 이상 통하지 않는 상황이 되었다.

청년 실업이라는 그림자에 가려서 취업 준비생 스스로에게도 문제가 있다는 '불편한 진실'은 누구도 지적하지 않는다. 3.5점 이상의 학점, 850점 이상의 토익점수, 1년 동안의 해외연수와 봉사활동. 취업 준비생 대다수의 스펙은 마치 공장에서 찍어 나온 듯 똑같다. 대학생들 사이에서 '스펙 5종 세트(학벌, 학점, 토익, 어학연수, 자격증)'도 모자라 이에 세 가지(봉사활동, 인턴, 수상경력)를 더한 '스펙 8종 세트'를 이력서에 채워야 취업이 된다는 말이 나돌 정도다.

하지만 이 같은 '붕어빵 스펙'은 삼성의 요구사항과 다르다. 삼성의 인사 담당자 대부분은 '스펙 8종 세트'가 지나치게 부담스럽다고 한다. 한 인사 담당자는 "토익 950점에 미국 어학연수 경험자라지만 대차대조표도 못 읽는 학생이 재무나 마케팅 분야에 지원하면 어떻게 합격시킬 수 있겠습니까?"라고 반문했다.

이는 곧 '친구 따라 강남 가듯' 취업을 준비하는 방식은 통하지 않는다는 것을 뜻한다. 대학 1학년 때부터 학점이 아닌 필요한 전공 지식을 얻을 수 있는 과목을 골라 수강하고, 4년 동안 꾸준히 종이신문과 책을 읽고, 공모전에 참여하며, 인턴생활도 경험하는 '준비된 인재'만이 취업에 성공하도록 게임의 룰이 바뀌고 있기 때문이다. 사실 삼성은 이전부터 이렇게 준비된 인재를 뽑아왔다. 다만 취업 준비생들이 믿지 않았을 뿐이다.

삼성은 스펙의 개념과 인재의 정의를 바꾸고 있다. 삼성은 '책상 스펙'이 아닌 '현장 스펙', 즉 자기 직무에서 활용할 수 있는 차별화된 전문 스펙을 가진 지원자를 원한다. 이런 현장 스펙이 좋은 지원자를 가려내기 위해 평가요소도 바꾸고 있는 삼성은 토익, 어학연수와 같은 정량적인 요소보다 정성적인 요소를 중시한다. 전공과목 성취도와 직무관련 경험이 정성적 요소의 대표적 예다.

인재 기준의 변화

	기존의 인재 기준	변화된 인재 기준
스펙 개념	• 책상 스펙 　–붕어빵 스펙, 과잉 스펙	• 현장 스펙 　–차별화 스펙, 전문 스펙
평가 요소	• 정량적 요소 평가 　–영어점수, 어학연수	• 정성적 요소 평가 　–전공과목 성취도, 직무관련 경험

인재 정의	• 시험에 강한 벼락치기형 인재 –장기간 책상 스펙을 쌓다가 단기간 SSAT를 공부	• 2~3년간 준비된 인재 –평소 학업과 학교생활에서 인정받는 인재

이처럼 현장 스펙을 기준으로 내리는 정성적인 평가를 통과하려면 인재의 정의도 바꿔야 한다. 이제 시험에 강한 벼락치기형 인재는 설 자리가 없어진다. 벼락치기형 인재의 행운은 SSAT에서 끝나게 되어있다. 운 좋게 SSAT를 통과하더라도 면접 전형에서 반드시 걸러지기 때문이다. 지금부터는 평소 학교생활을 충실히 하고 2~3년간 성실하게 입사를 준비한 인재들이 삼성에 들어오는 기회를 잡게 될 것이다.

이 같은 변화 내용을 숙지하고 SSAT, 에세이, 면접에 숨겨진 이야기를 살펴보자.

삼성 입사에서는 자신이 부족한 부분, 즉 약점을 채우는 덧셈과 뺄셈, 즉 넘치면 비우는 지혜가 필요하다. 당신의 입사를 결정하는 것은 대부분 파워 리더이고 성과를 중시하며 독종처럼 일하는 삼성의 CEO와 임원들이다. 당신은 그들과 마주하는 상황에 대해 어떤 준비를 할 것인가? 다행히 SSAT 시험을 통과하여 면접장에 앉아있는 당신을 상상해보자. 면접위원에게 비춰지는 당신의 이미지는 어떠해야 할까?

면접장에서 보이는 지원자는 대부분 두 가지 성향으로 나눌 수 있다. A타입 지원자는 독종 기질이 강한 반면 인간미는 다소 부족하고, B타입 지원자는 인간미가 넘치는 반면 독종 기질이 약하다. 하지만 당신의 이미지는 전자처럼 너무 강해도 안 되고, 후자처럼 너무 나약해서도 안 된다. 당신에게 필요한 것은 자신에 대한 철저한 분석과 이를 토대로 한 효과적인 준비, 그리고 어느 정도의 '포장'이다. 여기서 포장이란 거짓말을 하라는 의미가 아니라(면접에서 당신의 답변이 거짓말로 인식되면 바로 탈락됨에 유의하라) 당신의 진실성을 기반으로 상황에 맞추어 유연성을 발휘하라는 것이다. 세상에는 선의의 거짓말이 있는 것처럼 말이다.

당신이 카리스마·파워·추진력 등의 소리를 많이 듣는 A타입이라면 독종 이미지는 빼고, 그 대신 인간미 성향을 더해야 한다. 반대로 당신이 공감·배려·합리적 등의 소리를 자주 듣는 B타입이라면 인간미 성향은 빼고 그 자리에 독종 이미지를 넣어야 한다.

덧셈과 뺄셈은 스펙이 아닌, 당신의 이미지에 대한 이야기다. 삼성은 지나치게 넘치는 지원자도, 부족한 지원자도 원하지 않는다. 모난 데 없이 성실한 것도 좋지만, 일에 대한 승부근성도 있는 지원자가 되어야 한다는 것에 유념하자.

이미지에 필요한 덧셈과 뺄셈

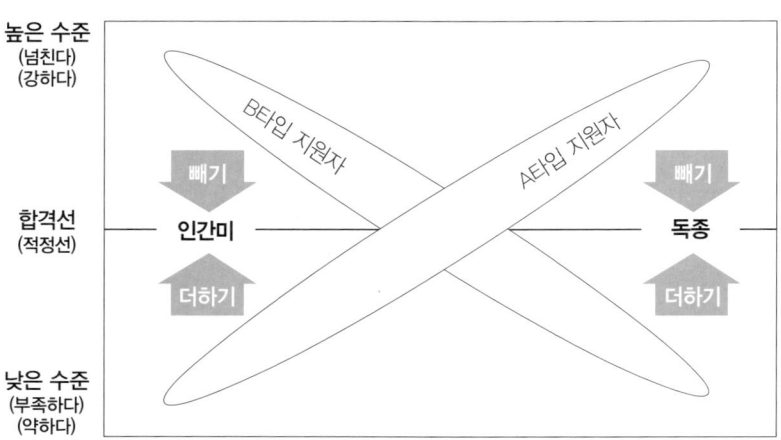

7전 8기 끝에 삼성에 입사한 H양의 사례를 보면 위의 그림을 이해하기 쉽다. H양은 서울에 있는 중위권 대학을 졸업했다. 출신대학이 다소 불안요인이 되긴 했지만, 그 이외에는 꽤 괜찮은 스펙을 쌓았다.

- 서울에 있는 중위권 K대학교 졸업
- 화학 전공, 평균 학점 4.1점
- 화공기사 자격증 취득
- 토익 930점, 일본어 가능, 한자 2급 자격증 보유
- 3학년 여름방학을 활용하여 중국 인민대학교 교환학생 수료
- 2009년 서울디자인올림픽 홍보 스태프로 인턴 근무

이런 스펙인데도 첫 단계인 서류심사에서 합격시켜주는 대기업은 없었기에 H양은 자연히 직무적성검사를 볼 기회조차 갖지 못했다. 삼성이 유일하게 그녀에게 SSAT 응시기회를 주었지만 그 시험에서 두 번 실패한 H양은 결국 중견기업인 W건설에 입사 뒤 구매부서에 배치되어 열심히 일했다. 그런데 1년 후 위기가 왔다. W건설이 업계 불황으로 부도 위기에 처한 것이다. H양은 조직개편의 회오리 속에 전공을 활용하기 어려운 다른 부서로 전배되었고, 부서 분위기상 퇴직까지도 고민하는 상황이 되었다.

이러한 위기를 기회로 삼아 H양은 다시 삼성에 도전했다. 삼성물산 건설부문에 신입사원으로 지원해서 당당히 합격한 것이다. H양은 면접에서 포장의 기술을 적절하게 활용했다. 사실과 경험을 기본으로 '덧셈과 뺄셈'을 활용하여 면접위원들에게 차별화된 능력과 가능성을 보여준 것이다.

H양은 전형적인 A타입의 지원자다. SWOT 기법을 활용해서 H양의 강점과 약점을 분석해보고, 덧셈과 뺄셈으로 포장한 사례를 정리해보자.

- **부족한 인간미에 대한 덧셈 :** 가정환경과 팀워크를 발휘했던 경험으로 보완시켰다.
  - 3대가 같이 생활하는 가정에서 배운 배려심을 강조했다.
  - 공무원 출신인 할아버지, 아버지에게서 배운 성실성을 어필했다.
  - 교환학생과 홍보 스태프로 활동 시 팀워크를 발휘했던 경험을 설명했다.
- **강한 독종 이미지에 대한 뺄셈 :** 출신대학, 전공과목, 여성이란 세 가지 약점을 극복하기 위해 공부에 열정을 쏟았다는 설명으로 독종 이미지를 약화시켰다.

- 학교, 전공의 약점을 공부라는 열정으로 극복하기 위해 노력했다.
- 화공기사 자격증 취득, 일본어 및 한자 능력 등 구체적인 성취도를 제시했다.
- 삼성에 신입사원으로 재도전하는 의지와 충성심을 어필했다.
- W건설에서의 경험을 바탕으로, 향후 건설회사의 구매전문가로 성장하고자 하는 프로의식을 전달했다.

SWOT 분석을 활용한 H양의 덧셈과 뺄셈 사례

	인간미가 있는가? (T)	독종 가능성이 있는가? (O)
강점 (S)	• 3대가 함께 사는 가정이다. • 할아버지와 아버지가 공무원 출신이다. • 교환학생 홍보스탭 경험이 있다.	• 전공 공부에 매진하여 학점이 좋다. • 화학과 출신으로 어려운 화공기사를 취득했다. • 일본어를 제2외국어로 공부했다. • 가점항목인 한자 자격증을 보유하고 있다.
덧셈과 뺄셈	더하기 • 3대 가정에서 배운 배려심 강조 • 공무원 가족의 성실성을 강조 • 팀워크를 발휘한 경험을 설명	빼기 • 학교, 전공의 약점을 공부에 대한 열정으로 극복 • 신입사원으로 재도전하는 의지를 어필 • W건설에서 경험한 프로의식을 전달
약점 (W)	• 개인주의 성향이 강하다. • 팀워크 발휘에 소극적이다. • 사소한 일에 민감하다.	• 일류대학 출신이 아니다. • 회사는 화학과보다 화학공학과 전공자를 선호한다. • 여성으로서 건설회사에 지원했다. • W건설에 근무 중인 상태다.

2장

SSAT에
숨겨진
이야기

SSAT 합격은
면접으로 가는 통로

삼성의 직무적성검사인 SSAT는 직무수행과 관련된 기초지능검사와 일을 수행할 때 부딪히는 여러 가지 상황에 대한 대처 능력을 평가하는 검사로 이루어진다. 삼성이 SSAT를 시행하는 목적은 다음의 두 가지를 파악하기 위해서다.

- 교육훈련을 받기 전, 지원자의 잠재적 능력은 어떤 수준인가?
- 지원자는 직무와 관계된 활동을 성공적으로 수행하는 데 필요한 능력을 어느 정도 가지고 있는가?

결국 SSAT는 지원자의 적성이 삼성이 필요로 하는 직무에 적합한지를 판단하기 위해 실시하는 선발 시험이라 할 수 있다.

삼성 입사를 준비하는 대학생들 사이에서는 SSAT에 대한 궁금증이 많고, 그만큼 SSAT와 관련된 소문도 다양하다. 내가 삼성 입사 전략에 대해 강의할 때 대학생들이 질문했던 내용들은 대체로 아래와 같다.

- SSAT 문제는 분야별 전문가들이 출제하나요?
- SSAT는 언어 80점(40문제), 수리 90점(30문제), 추리 90점(30문제), 상식 100점(50문제) 등 총 360점으로 구성되어 있다는데 맞나요?
- 각 영역별로 배점이 다르다던데, 상황판단력의 배점이 가장 높은 것이 사실인가요? 추리력에 가점을 주는 회사도 있다던데요?
- 정답률이 중요하고 오답이면 감점 처리되니 모르는 문제는 찍지 않는 것이 좋은가요?
- 점수 이외에도 불합격 기준이 있나요?
- 직군별로 합격점수가 다른가요?
- SSAT 점수가 압도적으로 높으면 면접에 큰 영향을 미치나요?
- SSAT는 한 달간 준비하는 것이 정석이라던데, 속성으로 1~2주 안에도 가능한가요?

이 중에는 맞는 것도 있지만 틀린 것이 더 많다. 이제부터 SSAT에 숨어있는 이야기를 풀어보자.

SSAT는 삼성의 열린 채용을 지탱하는 토대

1995년 삼성이 국내기업 최초로 SSAT를 시행한 이후, 다른 기업들도 자사만의 직무적성시험을 만들었고 이제는 대부분의 대기업이 그것을 채용의 도구로 활용하고 있다. 삼성은 성과주의 인사제도를 기본으로 글로벌 스탠더드global standard를 지향한다. 말 그대로 100% 열린 채용을 하는 것이고, 삼성의 이러한 공정하고 투명한 채용제도를 지탱하는 토대가 SSAT 시험이다.

이러한 SSAT는 오랜 검증을 거쳐 적용되었다. 나 역시 1986년에 SSAT를 치르고 삼성에 입사했는데, 당시에는 1차 서류심사를 거쳐 2차 시험을 통과한 다음 면접을 보았고, 면접은 인성면접과 집단토론으로 나뉘어 진행되었다. 인성면접 장소에 들어갔는데 삼성 창업주께서 사장 단과 함께 가운데 앉아계시던 모습은 지금도 생생하다. 주로 사장단에 서 질문을 했는데 오래전 일이라 그런지 자세한 내용은 기억나지 않는 다. 다만 '지난번에는 삼성 채용시험에서 탈락했지만, 다시 한 번 도전해 보고 싶어서 지원했다'고 강조한 이야기만 기억난다.

집단토론이 끝난 다음 SSAT를 치렀는데, 시험을 보는 내내 IQ 검사 와 비슷하다는 생각이 들었다. 당시 진행자는 'SSAT 점수는 시험결과에 반영되지 않으니 정확하고 솔직하게 체크하라'고 이야기했다. 테스트용 이란 뜻이었다.

실제로 그때는 SSAT 점수를 입사 성적에 반영하지 않고 실제 합격 자와의 연관성만을 검증하는 기간이었다. 합격자와 SSAT 점수의 연관 성을 충분히 검증한 다음, 그 이후에 본격적인 채용시험 도구로 적용 한 것이다.

앞서 말했듯 SSAT는 삼성의 열린 채용을 지탱하는 토대다. 삼성의 채용 홈페이지를 보면 SSAT는 '학력 또는 단편적인 지식보다는 폭넓은 지식으로 주어진 상황을 유연하게 대처하고 해결할 수 있는, 종합적인 능력을 평가하는 시스템'이라고 정의되어있다. 여기에서 중요한 사실은 지원자의 입장이 아닌 삼성의 시각에서 지원자의 종합적인 능력을 평가 한다는 점이다. 학교에서 공부를 잘했던 사람이 회사에서도 일을 잘하 는 것은 아니니, 공부 이외의 능력에 대한 검증이 필요하다는 것이다.

SSAT는 바로 이것의 평가를 위해 구조화되고 정형화된 시스템이다. 그리고 경험으로 보건대 나도 이를 인정한다. 사실 다양한 직원들과 프로젝트를 수행했던 그간의 경험으로 보아, 일류대학이란 간판이 업무성과와 100% 일치하지는 않는다는 것에는 나 역시 공감한다.

삼성 지원자들에게 있어 SSAT는 너무나 중요하다. 이 관문을 통과하면 누구나 동등한 조건을 가진 상태에서 우열을 가리게 되기 때문이다. SSAT의 경쟁률이 항상 높은 이유도 이것이다.

SSAT는 '입사시험의 수능'으로도 불리는데, 그 이유는 무엇일까? SSAT 시험을 준비해서 합격한 경험이 있는 사람은 다른 회사의 직무적성시험에도 자신감을 갖게 되기 때문이다. 실제로 SSAT에 합격했던 사람이 다른 대기업이나 은행의 직무적성시험에도 쉽게 합격한 사례는 많다. 그렇기에 SSAT 준비에 시간을 투자하는 것은 취업 준비생에게 성공으로 가는 중요한 과정이다. 삼성 입사에 실패하더라도 또 다른 성공의 디딤돌이 될 수 있기 때문이다. SSAT 시험을 취업 준비과정으로 활용한 한 대학생의 이야기를 들어보자.

"저는 인턴시험을 포함해서 두 번이나 SSAT에서 미끄러졌습니다. 하도 화가 나서 열심히 공부한 결과, 3차 도전에서 드디어 합격했지요. 솔직히 SSAT 시험을 준비하면서 회의감이 들기도 했습니다. 그런데 합격하고 나니 다른 회사의 직무적성검사에도 자신이 생겼습니다. SSAT를 넘으니 A사와 B은행의 직무적성검사도 통과하고, 그 어렵다는 C사의 인적성검사에도 당당히 합격했습니다. 그중 제가 최종적으로 선택한 것은 삼성이 있는 수원행 티켓이었습니다. 저는 SSAT를 준비하는 기간이 그냥 버리는 시간이 아닌, 취업 성공을 위한 중요한 과정이라고 생각합니다. 삼성이 아닌 다른 대기업 입사를 목표로 하더라도 SSAT부터 경험한다면 큰 도움이 된다는 것을 직접 체험했으니까요."

누가 출제하고 영역별 점수는 어떻게 구성되나?

SSAT 시험의 출제자는 누구일까? 이는 SSAT에 대한 비밀 중에서도 가장 알려지지 않은 것이다. 이에 대한 단서를 밝힐 수 있는 자료를 인용해 보자.

> 취업 준비생들은 삼성 입사시험인 SSAT를 '삼성 수능'이라 부르는 모양이다. 삼성은 학벌, 학점, 스펙을 보지 않고 매년 18만여 명에게 기회를 주되, 이 중 9천여 명을 뽑는다. 삼성 간부들도 SSAT 문제가 어떻게 나올지 모른다. SSAT 점수가 높았던 신입사원들을 연수원에 모아놓고 출제를 맡기기 때문이다. 신입사원들과 같이 가장 오래 일할 선배에게 후배를 뽑도록 위임한 것이다(조선일보 2013.11.4).

그렇다면 최근에 입사한 젊은 직원들이 문제를 낸다고 유추할 수 있다. 이들은 직무적성검사의 공통적인 문제 유형을 파악한 다음, 그것을 변형하거나 그를 바탕으로 전혀 새로운 스타일의 문제를 만들어내기도 한다. SSAT 시험을 마치고 나온 응시자들의 대부분이 문제가 어려웠다고 한숨을 쉬는 이유가 바로 미리 경험하지 못한 유형의 문제가 많이 출제되기 때문이다.

TFT에서 문제를 내면 검사 항목별로 전문가들이 필터링을 한다. 이 과정에 참여하는 전문가로는 심리학자들이 많은데, 이들은 특히 인성검사 문제들을 필터링해서 확정하고, 검사 시스템의 개발 및 운영도 도와준다.

30대 초반의 나이에 삼성 생활의 의미를 알아가는 출제위원들. 그들은 무엇에 관심이 꽂혀있고, 또 어떤 유형의 문제를 선호할까? 이것을 고민해보면 어느 정도 SSAT 문제에 대한 단서를 잡을 수 있지 않을까?

앞서 언급했듯 SSAT는 기초능력검사와 직무능력검사로 구분되어 있다. 각 검사 영역의 구성은 2013년 이후 매번 조금씩 변화가 있었다. 2013년 하반기에는 상황판단력 부분이 폐지되면서 언어력·수리력·추리력의 문항수가 늘어났다. 하지만 여기서 간과해서는 안 되는 것이 있다. SSAT에서 폐지된 상황판단력 부분이 사실은 인성검사의 한 영역으로 이동했다는 점이다. 상황판단력은 직무수행에 필요한 문제 해결력과 상황대처 능력을 검증하는 것이기 때문에 인성검사의 개인성향·대인성향·업무성향과 유사한 내용이 많다(상황판단력 대응방법은 4장에서 자세히 설명하겠다).

이러한 변화는 당연히 영역별 문항수와 시험시간에도 변화를 가져왔다. 2013년 하반기에는 총 180개 문제를 푸는 데 130분의 시간이 주어졌는데, 공간지각력이 추가된 2014년에는 총 210개 문제에 150분의 시간이 주어질 것이다. 하지만 영역별 문항수와 시험시간은 매년 상황에 따라 변동될 수 있음을 기억하자.

이제부터는 영역별 문제의 성격을 알아보자.

기초능력검사는 언어력, 수리력, 추리력, 공간지각력 등 기본적인 인지능력을 총체적으로 측정한다. 그중 언어력 파트는 이해력·표현력·설득력 등을, 수리력 파트는 수리력·자료해석력 등을, 추리력 파트는 분석력·예측력·판단력·논리력 등을 테스트하며 공간지각력 파트에서는 공간관계·공간위치 등을 측정한다.

SSAT 문제영역의 변화 추이

영역 구분		2013년 상반기		2013년 하반기		2014년 변화		
		문항수	시험시간	문항수	시험시간	문항수	시험시간	배점
기초 능력 검사	언어력	40개	20분	50개	25분	50개	25분	100점
	수리력	30개	30분	40개	40분	40개	40분	100점
	추리력	30개	30분	40개	40분	40개	40분	100점
	공간지각력					30개	20분	100점
직무 능력 검사	직무상식	50개	25분	50개	25분	50개	25분	100점
	상황판단력	25개	25분	폐지 (인성검사에 포함)				
SSAT 합계		175개	130분	180개	130분	210개	150분	500점

※ 영역별 문항수와 시험시간은 매년 상황에 따라 변동될 수 있음.

직무능력검사는 조직생활에서 성공하는 데 필수적인 직무상식을 테스트하는데, 직무상식의 문제들은 직무수행에 필요한 기본적인 지식 및 교양을 측정하는 내용으로 구성된다.

SSAT의 총점은 500점이다. 즉, 다섯 개 검사 항목에 각각 100점이 배점되는데, 특정 검사 항목에 가중치를 부여하지 않고 총점 500점 기준으로 순위를 가린다. 따라서 '영역별로 배점이 다르고 상황판단력의 배점이 가장 높다'는 이야기는 사실이 아니고, 특정 영역에 가점을 주는 계열사가 있다는 것도 틀린 말이다.

SSAT 합격
가이드

삼성 그룹 차원에서 치러지는 SSAT 시행일의 풍경은 공무원 시험일의 그것을 방불케 한다. 삼성은 전국 각 지역에서 많은 학교를 빌려 SSAT를 시행하는데, 이때 동원되는 삼성 직원들은 수백 명에 달한다. 2013년 상반기에는 서울, 대전, 대구, 부산, 광주에 총 120개의 시험장이 배치되었고, 10만 명 이상이 SSAT에 응시했다.

채용절차 변화 후 처음 치러진 2013년 상반기의 SSAT는 진행방식에서도 다소 바뀐 부분이 있었다. 우선 인성검사를 분리함에 따라 예전과 달리 중간 휴식시간이 사라져서, 전체 시험은 오전 9시 20분에 시작되어 11시 40분에 종료되었다.

상위 25% 이내에 들어야 합격할 수 있다

시중에 나와있는 SSAT 정보를 취합해보니 그중에는 'SSAT 상위 30%

이내에 들어야 면접을 볼 수 있는 기회가 주어진다'라는 것이 있었는데, 사실 실제 범위는 이보다 더 좁다.

가령 삼성의 A사가 100명을 채용하는데 1,000명이 지원했다고 가정해보자. 보통 면접 인원수는 최종 합격자의 2.5~3.0배 수준에서 결정하므로, 최종 합격자 100명부터 거꾸로 계산하면 결론적으로 1,000명의 SSAT 응시자 중 상위 250~300명 안에 들어야 면접 기회를 얻을 수 있다는 답이 나온다. 이를 경쟁률로 환산하면 3.3~4.0:1 수준이다. 하지만 보다 확실하게 SSAT에 합격하려면 상위 25% 이내에 들어야 안심할 수 있다. 같은 회사 안에서도 직군별로, 또 전공별로 채용 인원수가 다르기 때문이다. 실제로 삼성전자의 2011년 상반기 사례를 살펴보면 1,200명을 선발하는 신입사원의 경우에는 3,400명 정도의 지원자가, 700명을 뽑는 인턴의 경우에는 2,000명 정도가 SSAT를 통과한 뒤 면접을 볼 수 있었다.

이상을 정리해보면 다음과 같다. 최종 합격자 대비 전체 지원자로 보면 SSAT의 전체 경쟁률은 10:1 수준이고, 그중 SSAT를 통과해서 면접으로 가려면 평균 3.6:1의 경쟁률을 뚫어야 하지만, 안심할 수 있는 범위는 상위 25% 이내다.

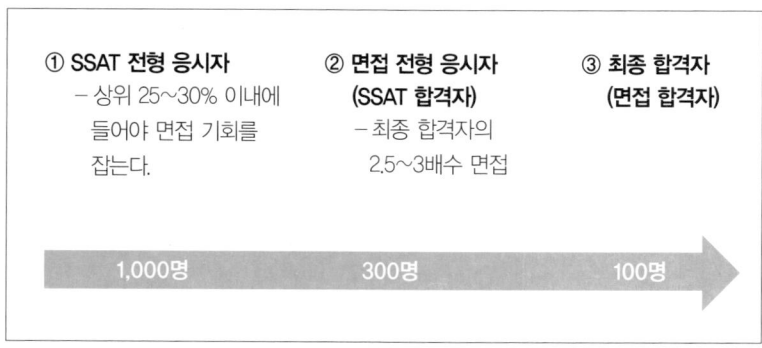

① SSAT 전형 응시자
 – 상위 25~30% 이내에
   들어야 면접 기회를
   잡는다.

② 면접 전형 응시자
(SSAT 합격자)
 – 최종 합격자의
   2.5~3배수 면접

③ 최종 합격자
(면접 합격자)

1,000명 → 300명 → 100명

SSAT 합격자의 커트라인

SSAT 불합격 기준에는 절대탈락 기준과 총점탈락 기준의 두 가지가 있는데, 먼저 절대탈락 기준을 적용한 다음 총점탈락 기준으로 탈락자를 선별한다.

절대탈락 기준은 100점 만점 기준으로 일정 수준 이하의 지원자를 탈락시키는 것이다. 우선 총점 기준으로 탈락자를 걸러낸 다음 영역별 기준으로 탈락자를 정한다.

총점탈락 기준은 절대탈락 기준을 통과한 지원자들을 대상으로 최종 합격자를 선정하는 과정에서 적용된다. 최종합격자는 직군별·전공별로 선정되는 데다가 각 분야에서 채용하고자 하는 인원수도 다르기 때문에 같은 회사에 지원한 사람들이라도 합격점수는 서로 다를 수밖에 없다.

SSAT 합격점수는 공개되지 않는 정보로서, 삼성그룹 안에서도 각 회사별로 다르다. 지원자 입장에서 참고해야 하는 것은 최근 SSAT 합격점수가 갈수록 상향평준화되고 있다는 사실이다.

SSAT 합격자의 커트라인은 매년 문제 난이도에 따라 다르기 때문에 일률적으로 이야기하기 어렵지만, 삼성 계열사 가운데 SSAT 커트라인이 비교적 높은 A사의 다음 사례를 보면 어느 정도 짐작할 수 있다.

- 지원자 전체의 평균점수는 320~330점 사이에서 형성된다.
- 합격자 전체의 평균점수는 370~380점 수준인데, 이를 100점 만점으로 환산하면 75점 이상에 해당된다.
- 최근에는 100점 만점으로 환산하면 80점, 즉 400점 이상을 획득하는 고득점자도 많아지고 있다.

앞서 말했듯 SSAT 합격자 커트라인은 삼성 내에서도 회사나 직군, 전공별로 달라서, 직군별로 보면 크게는 50점이나 차이가 날 때도 있다. 합격점수가 높은 직군은 경영지원직, 영업마케팅직, 연구개발직, 기술직 순이다.

SSAT에는 남녀차별도 나타난다. 남녀를 차별하여 채점 기준을 적용한다는 의미는 아니니 오해하지 말자. SSAT 점수 결과를 분석해보면 지원자들에게 의미 있는 자료가 많은데, 그중 하나가 남학생과 여학생의 차이라는 뜻이다. 평균점수를 보면 대부분 여학생이 남학생보다 높게 나타난다. 이는 남학생보다는 여학생이 치밀하고 끈기 있게 노력한 결과라고 생각된다. 검사 항목별로 서로의 강점도 달라서 남학생은 수리력·추리력에 강한 반면, 여학생은 언어력·직무상식에서 강점을 보인다.

이러한 남녀 간의 차이가 별것 아니라고 생각할 수 있지만, 이를 경쟁이라는 시각에서 다시 생각해보자. 당신이 남학생이라면 여학생이 강한 언어력·직무상식 항목을 집중 공략하는 것이, 여학생이라면 그와 반대로 남학생이 강한 수리력·추리력 항목을 승부처로 삼으면 유리할 것이다.

SSAT는 시간과 정확도의 싸움이다

어느 시험에서나 마찬가지로 SSAT에서도 시간 배분이 중요하다. 앞서 언급했던 SSAT의 시험시간과 문항수를 유심히 살펴보면 검사항목별로 제각각 다르다는 것을 알 수 있다(78쪽 표 참고).

수리력·추리력·공간지각력은 1분에 한 문제씩, 언어력과 직무상식은

30초에 한 문제씩 풀어야 시험시간 안에 모든 문제를 풀 수 있다. 그만큼 영역별로 한 문제당 시험시간 배분은 중요하다. 결국 SSAT는 시간과 정확도의 싸움인 셈이다.

SSAT 경험자들은 공통적으로 '주어진 시간 안에 많은 문제를 정확히 푸는 것이 관건'이라고 말한다. 모르는 문제라면 그것에 매달리기보다는 빨리 포기하고 넘어가는 편이 좋다. 중요한 것은 주어진 시간 안에 자신이 풀 수 있는 문제를 최대한 많이 푸는 것이기 때문이다. 물론 선배들이 아무리 당부해도 막상 시험장에 들어가면 그대로 실천하기가 어렵다고 하는데, 바로 그것이 SSAT 시험에 대비해 충분한 연습을 쌓아야 하는 이유다. 시간 배분을 잘못해서 SSAT에 실패했던 한 응시생의 이야기를 들어보자.

"SSAT에 처음 응시했을 때였습니다. 시험지를 받은 뒤 빨리 푼다고 풀었는데도 시간이 부족하더군요. 특히 추리력 영역의 경우에는 30분 안에 30문제를 풀어야 하는데 네 문제는 손도 대지 못했습니다. '찍어서 틀리면 감점'이라는 소문을 들었던 적이 있어서 모르는 문제는 찍지 않고 넘겼는데도 시간 배분을 제대로 못한 거죠. 그 네 문제는 충분히 풀 수 있을 것 같았는데 답지를 공란으로 남겨둬야 하니 무척 속상하더군요. SSAT 시험은 역시 시간과의 싸움이었습니다."

이번에는 자신만의 비결로 SSAT에 합격한 응시생의 이야기를 들어보자. 이 응시생이 연습했던 방법은 다른 지원자들에게도 참고가 될 듯하다.

"SSAT 시험을 준비하면서 가장 많이 들은 단어는 '스피드'와 '정확성'이었습니다. 주어진 시간 안에 많은 문제를 정확히 푸는 것이 합격의 비결이라는 의미였지요. 그래서 영역별로 공부한 다음, 모의시험을 보면서 시험지의 첫 번째 페이지를 빨리 넘기는 것을 목표로 연습을 반복했습니다. 실제 SSAT를 치르는 당일에도 연습한 그대로 실행했습니다. 언어력 영역부터 시작해서 시험지의 첫 번째 페이지를 다른 응시생들보다 가장 먼저 넘겼어요. 제가 시험을 치른 교실에서 가장 빨리 문제를 풀어나간 거죠. 그 결과 저는 합격이란 선물을 받을 수 있었습니다."

부정행위의 기준에 대해서도 각별히 유념하자. 영역별 시작시간과 완료시간을 엄수하지 않으면 부정행위에 해당하기 때문에 그 또한 정확히 지켜야 한다. 방송으로 영역별 시작시간을 알리면 즉시 문제를 풀기 시작하고, 종료시간을 알려주면 그 순간 마킹도 그만두어야 한다는 뜻이다. 종료시간 후에 마킹을 하면 진행자로부터 경고를 받고, 시간이 남았다 해서 다음 영역의 문제를 풀어서도 안 된다. 1차 경고를 받았는데도 또다시 부정행위를 저지르면 2차 경고를 받게 된다. 진행자는 부정행위자를 별도로 체크해서 SSAT 운영본부에 제출하는데, 그 지원자가 불합격 처리되는 것은 당연하다. 어느 SSAT 감독관은 이런 이야기를 했다.

"SSAT 시험장에서 본 K군은 천재 같았습니다. 30분이 주어지는 수리력 영역 시간이었는데, 20분 정도가 지났을 무렵에 보니 K군은 이미 수리력 문제를 번개같이 다 푼 뒤 그다음 영역인 추리력 문제를 풀고 있더군요. 그래서 '각 영역별 시간에 맞춰 문제를 풀어야 하니 추리력 문제를 풀지 말라'고 1차 주의를 주었죠. 그럼에도 잠시 후에 보니 또 풀고 있어서 2차 주의를 줄 수밖에 없었습니다. K군에게는 미안했지만, 이 경우 부정행위에 해당되기 때문에 저는 K군을 별도 체크해서 SSAT 운영본부에 전달했고, K군은 그로 인해 탈락하고 말았습니다."

이 외에도 여러 감독관들 입장에서 꼭 말해주고 싶은 몇 가지 팁들을 아래에 정리했으니 참고해보자.

- 입실 완료시간이 지나면 SSAT에 응시할 수 없다. 공평성을 위해 정문을 폐쇄하니 지각은 금물이다.
- 회사에서 제공하는 사인펜, 수정테이프 등을 사용하는 것이 좋다. 개인 수정테이프를 사용할 수 있는지 물어보는 응시생이 많다. 사용은 가능하지만, 그로 인해 발생하는 시스템 오류는 회사에서 책임지지 않는다.
- 마킹을 잘못해서 답안지를 바꾸는 응시생도 많다. 요청하면 바꿔주지만, 완료시간 몇 분 전부터는 답안지를 바꿔주지 않으니 주의해야 한다. 실제로 '너무 긴장한 나머지 손에 땀이 나서 마킹한 것이 번졌으니 답안지를 교체해달라'던 응시생이 있었지만 바꿔줄 수 없었다. 이미 답안지 교체 허용 시간이 지났기 때문이었다.

모르는 문제는 찍어야 하나? 말아야 하나?

SSAT의 채점 방법과 결과는 공개되지 않는다. 이와 관련하여 가장 민감한 이슈가 '모르는 문제는 찍어도 되는가'의 여부다. 이것은 곧 '오답인 경우에는 감점이 있나요 없나요?'라는 질문과 같다. 오답이라도 감점이 없다면 찍어서 손해 볼 것도 없기 때문이다. 과연 어떤 것이 진실일까? 내 경험으로 내린 결론은 '모르는 문제는 찍지 않는 것이 좋다'는 것인데, 다음의 세 가지가 그 근거다.

하나, 정답률을 높여야 한다. SSAT 시험 당일의 공지사항 중에는 '모르는 문제는 찍지 않는 것이 좋습니다'라는 것이 있는데, 이는 곧 SSAT를 채점할 때 정답률을 중시한다는 것을 반증한다. 그만큼 정답률이 낮으면 불이익을 당한다는 뜻이다.

둘, 모르는 문제의 답을 찍으면 운이 좋아 그것이 정답일 수도 있지만, 그보다는 오답일 확률이 당연히 높다. 때문에 몰라서 남은 문제가 많으면 찍지 말아야 한다.

예를 들어 추리력 시험시간이 다되어가는데 한두 문제가 남았다면 찍어도 된다. 하지만 다섯 문제 이상 남았다면 찍지 않는 것이 좋다. 다섯 문제를 모두 찍어서 두 문제 이상 정답을 맞출 확률은 25%밖에 되지 않기 때문이다. 풀지 못한 문제가 많다는 것 자체가 응시자의 실력이 부족하다는 의미인데, 답을 찍은 다섯 문제까지 모두 틀려버리면 실력은 더 낮게 평가된다.

셋, 오답일 경우에는 감점이 있을 수도 있다. 모르는 문제를 찍는 사람도 있고 찍지 않는 사람도 있다. 사람마다 다르겠지만, 공통점은 모르는 문제의 개수가 SSAT 총점을 좌우할 만큼 큰 비중은 차지하지 않는다는 것이다. 그러니 시간이 부족해서 남은 문제가 많다면 찍지 않는 것이 현명한 선택이다.

앞서 강조했듯 합격의 열쇠는 주어진 시간 안에 많은 문제를 정확히 푸는 데 있다. 그러니 아는 문제를 하나라도 더 푸는 것에 집중하고, 모르는 문제는 과감히 포기하고 넘어가자.

직무상식 영역에서 고득점하는 노하우

SSAT를 치른 지원자들이 가장 어려웠다고 공통적으로 말하는 것이 직무상식 영역이다. 이것은 그만큼 이 영역에서 점수 차이가 많이 나고, 기회와 위협이 상존하고 있다는 의미다. 그러므로 직무상식 영역을 어떻게 준비하고 얼마나 노력하느냐에 따라서 경쟁자와 점수 차이를 벌릴 수 있느냐 아니냐가 정해진다고 해도 과언이 아니다.

직무상식 영역에서 고득점할 수 있는 노하우는 무엇일까? 직무상식 문제는 크게 경제/경영, 과학/공학, 일반상식, 복합문제 등 네 개 영역으로 구분된다. 영역별 문제의 출제 비율은 매년 달라지므로 변화의 트렌드를 체크하는 것이 중요하다. 취업 대비 전문 사이트인 E사, H사, S사, K사, C사 등에서 출간한 문제집을 분석한 결과, 매년 문제 유형의 변화가 두드러졌다.

과거 5년(2011년 이전)과 최근 2년(2012~2013년)의 가장 큰 변화는 복합문제의 비중이 9%에서 20%로 크게 증가한 것이다. 복합문제는 경제/경영, 과학/공학, 일반상식의 세 가지 유형이 복합되어 나오는 유형이라고 보면, 이는 지원자의 논리적 사고력을 측정하기 위해 시도된 변화로 해석된다. 그 외에 경제/경영 문제는 28%에서 30%로 비슷한 수준을 유지한 반면에 과학/공학 문제는 29%에서 22%로, 일반상식 문제는 34%에서 28%로 축소되었다. 이처럼 출제 문제의 유형은 매년 달라질 수 있다는 사실에 유의해야 한다. 단기간에 문제풀이 식으로 준비하는데 한계가 있다는 의미이기도 하다.

일반상식 문제의 경우도 역사, 사회문화, 정치, 환경, IT 용어, 어휘 등 말 그대로 광범위한 분야에서 출제되기 때문에 짧은 기간에 준비한다는 것이 큰 부담이 되고 있음을 알 수 있다. 그렇다면 이것을 기반으로 지원자의 전공별로 직무상식 영역에 대한 공략 전략을 세워보자.

• 인문계 지원자
- 고득점 영역인 경제/경영 문제에서 평균 이상의 점수를 유지한다.

– 미리 과학/공학의 기초지식을 준비하면 상대적으로 고득점이 가능하다.

• 이공계 지원자

– 과학/공학 영역에서 평균 이상의 고득점을 얻는다.

– 평소 경제/경영 이슈에 관심을 가지면 상대적으로 고득점이 가능하다.

• 지원자 공통 사항

– 다양한 유형의 문제를 푸는 연습이 필요하다.

– 직무상식 영역 테스트는 IQ 검사가 아니니 여러 유형의 문제를 많이 풀어 본 사람이 유리하다는 점을 기억하고 이에 따라 준비하도록 하자.

특히 직무상식 문제는 2014년 SSAT 변화의 중심에 있다. 인문학적 소양과 역사 문제의 비중이 확대되기 때문이다. 이에 대비하는 최고의 방법은 대학 1학년 때부터 다양한 독서를 하는 것이지만 실천하기가 사실 쉽지 않다. 이럴 경우 취할 수 있는 단기적인 대응방법은 종이신문을 꾸준히 읽는 것이다. 이에 대해서는 2장의 비법 2(논리적 사고력을 기르자)를 참조하면 된다.

공간지각력 영역에서는 어떤 문제가 나올까?

공간지각력은 예전에 SSAT에 포함되었다가 제외된 영역인데, 삼성 이외의 대기업에서는 지금도 공간지각력 테스트를 직무적성검사의 한 유형에 포함시키고 있다.

이 영역의 문제들은 사고력과 추리력이 뒷받침되어야 풀 수 있는데, 삼성이 원하는 인재상이 이런 쪽이라는 것을 짐작할 수 있는 대목이다. 공간지각력은 전혀 새로운 영역이 아니다(2013년 SSAT 응시후기를 보면 추리력 영역에 공간지각력 문제가 일부 포함되어 있다는 사실을 알 수 있다). 때문에 기존 추리력 영역에 있던 공간지각력 문제가 독립적으로 분리되면서 문항수가 확대된 것이라고 생각하면 되고, 그러므로 기출문제를 통해 차근차근 준비한다면 충분히 대응할 수 있는 영역이다(30문항에 20분의 시간이 배분될 것이라고 하는데 이 글을 쓰고 있는 2013년 3월 현재까지는 아직 시험에 대한 구체적인 내용이 확정되지 않은 상태다).

공간지각력은 공간들끼리의 관계 및 위치를 파악하는 능력, 즉 본래 주어진 물체의 위치를 회전시키거나 재배치했을 때 그 위치나 방향을 정확하게 파악할 수 있는 능력이다. 이 영역의 문제들은 비교적 쉬운 편이지만 상대적으로 꽤 어려운 문제도 출제된다.

- **쉬운 문제 유형**
  - 주어진 도형을 축을 중심으로 회전시켰을 때 어떤 위치인지 유추하기
  - 입체도형을 다양한 각도에서 바라보았을 때 그 단면을 유추하기
  - 전개도를 보고 입체도형을 유추하기 등

- **어려운 문제 유형**
  - 블록을 쌓아 만든 입체도형을 보고 전체 블록수를 파악하기
  - 조각으로 나뉜 여러 그림을 보고 전체 그림을 파악하기
  - 한 번 지나간 길을 다시 찾아가기 등

이 같은 문제들은 우리가 일상생활에서 흔히 접할 수 있을 뿐 아니라 어린 시절에 친구들과 재미 삼아 풀었던 것들이기도 하다. 공간지각력은 체계적인 이론이나 고차원적인 지식을 필요로 하지 않으므로 상식적인 사고력과 추리력을 기본으로 차분하게 임하면 크게 어렵지 않을 것이다. 공간지각력 영역에서 가장 일반적인 유형인, 전개도를 보고 입체도형을 유추하는 문제를 살펴보자.

공간지각력 문제의 예와 답

다음 펼쳐진 전개도를 보고 그림이 바깥쪽으로 나오도록 접었을 때 나타날 수 있는 입체도형을 고르시오.

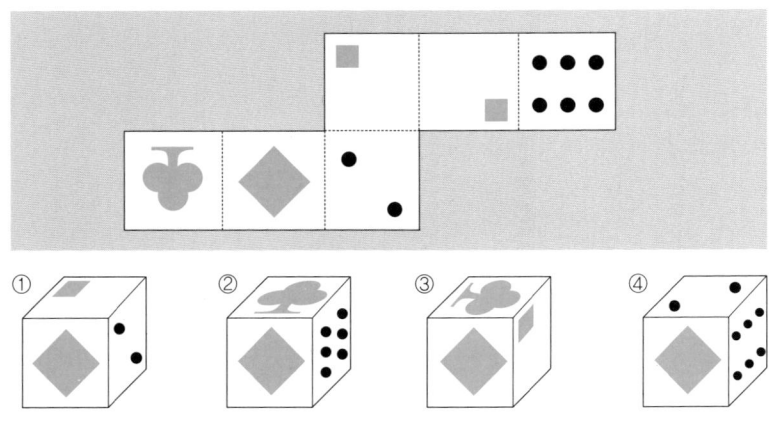

정답 ④

해설

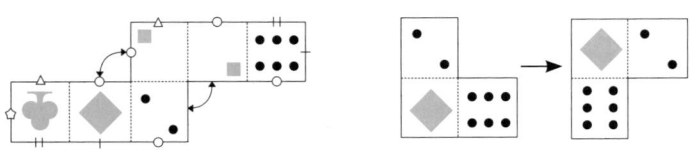

이 문제의 정답은 ④번이다. 전개도를 접었을 때 서로 만나는 변을 표시한 다음, 세 면의 모양이 전개도와 일치하는 곳을 찾으면 된다. 이런 유형을 포함한 여러 다양한 종류의 문제들을 사전에 풀어보는 것이 공간지각력 영역에 대비하는 좋은 방법이다.

SSAT 준비의
정석

SSAT 문제는 다양한 분야에 걸쳐 출제되기 때문에 완벽하게 준비하기란 사실 어렵다. 그렇다고 준비의 정석이 없는 것은 아니니, 먼저 SSAT 탈락의 원인부터 파악하자. 대비를 제대로 하려면 실패의 원인을 알아야 하니 말이다.

SSAT를 통과하지 못한 탈락자들에게는 '준비 기간이 부족했다'와 '실제로 시험을 볼 때 시간 배분에 실패했다'는 두 가지 공통점이 있다. 특히 직무상식 영역과 언어력 분야에 대한 준비 기간이 부족했다고 토로하는 지원자가 많다. 출제범위가 넓고 예상치 못했던 유형의 문제가 나오기 때문에 짧은 기간 내에 준비하기 어려웠다는 것이다. 앞으로 인문학적 소양 및 역사 분야 문제의 출제비중이 높아지면 이러한 어려움은 더욱 깊어질 것으로 보인다. 또한 문제를 풀 때 시간 배분에 실패한다는 것은 연습의 중요성을 간과한 결과라 해야 한다. 단순 암기력 문제가 아닌 논리적 사고력을 요하는 문제가 많아지는 것도 주목해야 할 변화 내용이다. 결국 이런 것들을 다시 한마디로 표현하자면 'SSAT 준비에 벼락치기는 통하지 않는다'는 것이다.

SSAT 준비 기간에는 개인차가 있다

서울대학교 학생은 SSAT의 합격률이 높다고 생각하는가? 절대 그렇지 않다. 일류대학 출신도 의외로 SSAT 탈락률이 높다. IQ 검사와 비슷하다고 생각해서 충분히 연습하지 않기 때문이다.

일부 지원자는 "열심히 공부한다고 SSAT에서 높은 점수를 받는 것은 아니니 평소 실력으로 봐도 충분하다"라고 말하기도 한다. 하지만 실제로는 그렇지 않다. SSAT는 충분한 연습으로 점수를 향상시킬 수 있는 시험이다.

시중에 나와 있는 SSAT 정보를 모아보면 'SSAT 준비 기간은 한 달이 정석이지만 속성으로 1~2주에도 가능하다' 혹은 'SSAT 시험은 여유 있게 한 달 정도 전부터 준비하면 된다'는 조언들이 꽤나 많다. 그런데 과연 그럴까? 한 달 정도로 충분했다고 말하는 사람은 일종의 자기 자랑이거나, 아니면 운이 무척이나 좋아서 합격했을 가능성이 높다. SSAT 준비 기간은 지원자마다 개인차가 있어서 일률적으로 '한 달이면 충분하다'고 결론내리기 어렵기 때문이다.

내가 만나본 신입사원들은 평균적으로 6개월간 SSAT를 준비한 것으로 조사되었다. 그렇다고 SSAT 준비에만 오롯이 반년을 보낸 것이 아니라, 다른 공부를 하면서 여유 있게 준비한 것이다. 아무리 뛰어난 수재라 해도 단기간에 벼락치기로 SSAT 시험을 준비하는 것에는 한계가 있다. 그러니 1~2주 혹은 한 달만 SSAT 준비에 올인하지 말고, 가능하다면 여유 있게 6개월 정도를 잡고 SSAT에 대비하자.

준비하는 데 많은 시간이 필요한 영역을 보자면 수리력, 추리력, 언어력, 직무상식 순이다. 또한 기초능력검사보다는 직무능력검사 영역의 범위가 방대하기 때문에 평소에 일정 수준 이상의 학습시간을 확보해서 시험에 대비해야 한다.

SSAT 시험일이 1주일 뒤라면 어떻게 준비해야 할까?

앞서 말했듯 6개월 정도는 SSAT 준비에 투자해야 하지만, 운 나쁘게도(?) SSAT 시험일이 1주일 남은 상황이라면 어떻게 준비하는 것이 그나마 효과적일까? 즉, 최소의 투자로 최대의 효과를 내는 방법은 무엇일까?

직무능력검사는 공부할 범위가 방대하기 때문에 여기에 시간을 투자하는 것은 그다지 효율적이지 않다. 가장 효과적인 방법은 기초능력검사 공부에 집중하는 것인데, 그중에서도 적은 시간을 투자했을 때 큰 효과를 거둘 수 있는 우선순위는 수리력·추리력·언어력 순이다. 수리력에 대비해서는 중학교 수준의 기초적인 수학공식을 점검하고, 추리력에 대해서는 기출문제 유형을 파악해서 빠른 시간 내에 답을 찾는 연습을 하는 것이 좋으며, 언어력 영역을 위해서는 단기간에 연습할 수 있는 제시문 문제에 집중한다. 이를 좀 더 자세히 살펴보면 다음과 같다.

SSAT 1주일 전의 효과적인 준비 방법

수리력	• 대소판별 : 기본적인 수학공식을 알면 풀리는 비교 문제 　– A와 B의 값 비교, 약수의 개수, 확률 계산문제 등 • 응용계산 : 주어진 조건을 반영해서 가장 쉬운 계산을 찾는 방정식 문제 　– 농도, 거리, 속도, 시간, 도르래, 가격 계산 등 • 자료해석 : 주어진 그래프나 표를 정확히 읽어내서 해결하는 문제 　– 작업량, 판매량, 수익률, 인구, 삼성 관련 데이터 분석 등
추리력	• 도형 추리 : 주어진 도형이 변화되는 규칙을 찾은 후, 정답을 고르는 문제 • 수 추리 : 숫자, 알파벳, 한글의 모음이나 자음이 배열된 규칙을 찾은 후, 그 규칙을 적용해서 정답을 골라내는 문제 • 참/거짓을 찾아내는 논리퀴즈 : 퀴즈를 유형별로 분류하고, 각 유형의 풀이방법을 습득 • 언어 추리 : 사람이나 사물을 제시된 조건에 따라서 배치하는 문제
언어력	• 제시문 해석 : 제시문을 정확하게 읽으면 풀 수 있는 문제에 집중 　– 제시문을 신속하게 읽은 후, 중요한 부분을 정확하게 찾아내는 연습 • 어휘 : 한자, 한글의 동의어/반의어, 단어 사이의 관계, 맞춤법, 고유어 등 • 한자 : 사자성어, 비즈니스 한자, 삼성 직무와 관련된 지문에서 한자 찾기 등

논리적 사고력 문제에는 어떻게 대응할까?

앞으로 SSAT는 종합적 사고능력과 창의력을 가진 지원자가 고득점할 수 있도록 개편된다. 출제되는 문제의 성격이 단편 지식과 암기력 중심에서 논리력 중심으로 크게 바뀌기 때문이다. 이는 암기나 정답 가려내기 연습이 아닌, 오랜 기간의 독서와 경험을 통해 계발되는 논리적 사고를 평가하기 위한 변화다. 그만큼 단기간에 반복 학습하는 사교육 효과를 배제함과 동시에 SSAT 준비에 지출되는 사회적인 비용을 줄이겠다는 의지의 표현이기도 하다.

삼성은 기존 SSAT의 언어력·수리력·추리력 영역 문제는 논리력과 사고력을 필요로 하는 내용으로 개편하고, 공간지각력 영역을 추가하기로 했다. 또한 직무상식 영역에서는 인문학적 지식, 특히 역사와 관련된 문항을 늘려 역사에 대한 이해를 지닌 인재가 선발되도록 유도한다. 사실 이런 변화는 새로운 것이 아니다. SSAT에서는 이미 몇 년 전부터 논리적 사고를 측정하는 문제의 비중이 증가해왔기 때문이다.

여기에는 두 가지 이유가 있다. 하나는 창조경영이 화두가 되면서 공부만 잘하는 평면적 인재보다는 창의성을 겸비한 다면적 인재를 선발해야 하기 때문이고, 또 하나는 SSAT가 삼성고시로 인식되면서 급증한 지원자 중 우수인재를 선발하려면 문제 수준을 높일 수밖에 없기 때문이다.

삼성이 이야기하는 논리적 사고력은 '기업의 비즈니스 환경을 체계적으로 분석하고 실행 가능한 대응방안을 설계할 수 있는 사람'이라고 정의할 수 있다. 이러한 변화를 반영하여 최근 SSAT 시험에 대비하는 학습방법으로 새롭게 주목받는 것이 있다. 매일경제신문의 매경TEST^{MK Test of Economic & biz Strategic Thinking}와 한국경제신문의 TESAT^{Test of Economic Sense And Thinking}이 그것이다. 실제로 2013년 SSAT 지원자들이 SSAT와 가장 유사한 시험 유형으로 추천한 것도 이 두 가지였다.

매경TEST와 TESAT은 아래와 같은 공통점을 가진 평가시스템이다.

- 시장경제에 대한 지식과 이해도를 측정하는 경제 지력知力·사고력 테스트
- 경제/경영 기초 개념과 지식은 물론, 응용력과 전략적인 사고력을 입체적으로 측정
- 비즈니스 창의력과 현실감각을 갖춘 창의적인 인재발굴 평가시스템

SSAT의 경제/경영 분야 문제는 직무상식 영역에서 차지하는 비중이 30% 이상일 정도로 중요한데, 매경TEST와 TESAT은 경제/경영뿐만 아니라 수리력, 추리력 영역의 대비에도 도움을 준다. 최근의 경제/경영 이슈는 사회 이슈로 연결되는 경우가 많기 때문에 사회 이슈를 이해하는 데도 도움이 된다.

이런 면에서 매경TEST와 TESAT은 SSAT를 준비하는 상경계 학생은 물론 이공계 학생들에게도 활용 가치가 높다(각각의 홈페이지에 들어가면 샘플 문제도 볼 수 있다). 이 두 가지 시험에 대해 조금 더 자세히 살펴보면 다음과 같다.

1) 매경TEST MK Test of Economic & Strategic business Thinking

매경TEST의 목적은 기업에 인재발굴의 기준을 제시하고, 응시자들에게 자기계발의 동기를 부여하는 것이다.

매경TEST 흐름도

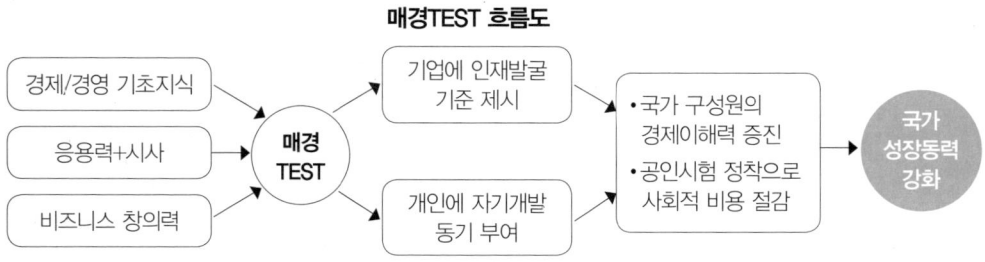

매경TEST에서는 경제 분야 40문항, 경영 분야 40문항 등 총 80문항은 출제되는데, 각 40문항은 다시 지식 15문항, 사고력 15문항, 시사 10문항으로 나뉜다. 이들 2개 분야는 지식·사고력·시사라는 세 개 축으로 구성되어 응시자의 이해력을 입체적으로 평가한다.

시사성이 높은 주제를 바탕으로 현실 감각을 측정하는 경제 분야의 문제들은 경제일반 및 미시경제, 경제정책 및 거시경제, 국제경제 및 경제시사 등을 포함하고 있다. 또한 경영 분야는 기업환경에 적합한 시사적인 사례를 바탕으로 경영일반과 경영시사, 경영전략과 마케팅, 기초 재무회계와 금융 등의 영역으로 나뉘어 출제된다.

매경TEST 출제범위

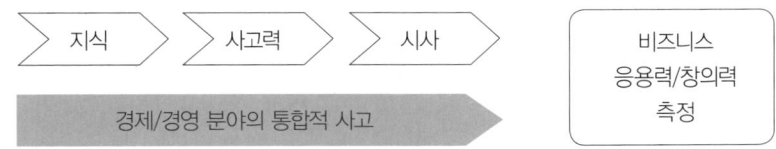

2) TESAT Test of Economic Sense And Thinking

TESAT 역시 경제 이해도를 객관적으로 평가하는 시스템으로 기업의 인재채용, 직원 재교육의 새로운 도구로 활용되고 있다. 출제영역은 다음과 같다.

- **경제이론**
  - 경제정보를 이해하는 데 필요한 경제이론 지식
  - 경제기초, 미시, 거시, 금융, 국제 등 경제학 전 분야

- **시사경제(경영)**

  – 경제/경영 뉴스를 이해하는 데 필요한 배경지식

  – 새로운 경제정책, 산업/기업 뉴스 이해에 필요한 지식

- **응용복합**(상황판단)

  – 경제/경영, 시사상식을 결합한 심화영역으로 경제상황을 분석·판단할 수 있는 종합 사고력(자료해석형, 이슈분석형, 의사결정형의 유형으로 출제)

TESAT 출제 영역과 문항수 및 배점

영역	기능	지식 이해	적용	분석 추론 종합 판단	문항수 및 배점
경제이론	기초일반	20	10	–	20×3 10×4 =100점
	거시				
	미시				
	금융				
	국제				
시사경제	정책(통계)	20	10	–	20×3 10×4 =100점
	상식(용어)				
	경영 (회사법 회계 재무)				
응용복합 (추론판단)	자료해석	–	–	20	20×5 =100점
	이슈분석				
	의사결정 (비용편익 분석)				
합계		3점 40문항	4점 20문항	5점 20문항	80문항 300점

SSAT 경험자의 응시 수기

    SSAT 문제는 2012년 하반기부터 상당히 어려워지고 있다. 자격 요건을 충족하면 누구나 시험에 응시할 수 있지만, 합격자는 실력으로 가릴 수밖에 없으니 문제의 변별력을 높여가고 있는 것이다.

    언어력, 수리력, 추리력, 공간지각력 등 기초능력검사의 점수는 개인 역량에 따라 다소 차이가 있지만, 충분한 학습과 시중에 나와있는 문제집으로 향상시킬 수 있다. 그러나 직무능력검사는 어떻게 공부할지 막연하다고 호소하는 사람이 많은데, 그만큼 공부 방법에 대한 차별화가 필요하다는 의미라 하겠다.

    실제로 SSAT 후기를 보면 응시자들은 직무상식 영역이 제일 어려웠다고들 한다. 공부한 사람이나 공부하지 않은 사람이나 이는 비슷해서, 대부분이 소위 '멘붕 상태'에 빠진다는 것이 공통된 의견이다. 인문계 학생은 과학/공학 분야가 약하고, 이공계 학생은 경제/경영 분야가 약하니 어쩌면 모두에게 어려운 분야라는 것이 맞을는지도 모르겠다. 하지만 모두가 가장 어려워하는 분야라는 것은 곧 가장 큰 차별점을 만들어낼 수 있는 분야라는 의미와도 같으니, 이를 극복할 수 있는 전략을 제대로 세울 필요가 있다.

실제 SSAT 응시자의 체험 수기

다음은 실제로 SSAT에 응시했던 한 응시생의 체험 수기다. 각 영역별로 비교적 상세히 자신의 경험을 이야기하고 있으니 시험 준비에 참고해보자.

SSAT를 불과 2주일 앞두고 준비한 상태라서 정확한 계획과 학습자료를 바탕으로 연습하지 못했다. 최근 출시된 SSAT 문제집을 가지고 준비했지만, 직접 강의를 듣거나 모의고사를 경험하지 못한 상태에서 SSAT 시험을 보았다. 다음은 검사항목별 준비 수기다.

1) 언어력

• 도움이 된 준비 : 꾸준한 종이신문 읽기 및 독서

대학 초기부터 종이신문을 꾸준히 구독하고 독서를 한 덕인지 언어영역의 경우는 시간이 5분 정도 남았다. 한자 문제는 쉬운 편이었고 문항수도 많지 않아서 어렵지 않았다.

지문은 길었지만 금방 이해할 수 있었고, 문제도 지문의 내용에서 단어만 바꿔서 출제되었기 때문에 오답과 정답을 분간하기가 쉬웠다. 특히 짧은 내용의 신문 기사도 문단별 소주제를 파악하며 읽었던 습관 덕분에 지문 분석이 다소 쉬웠다.

• 아쉬운 준비 : 한자 능력의 부족

많은 비중은 아니었지만 다른 지원자들에 비해 한자를 공부한 시간이 매우 부족했던 내게 한자 문제는 사실 큰 부담이었다. 실제 시험에서는 다행히 5분 정도 시간이 남아서 문제를 천천히 볼 수 있었다. 이번에는 내게 익숙한 한자들이 나와서 개인적으로는 다소 쉬웠던 것이 다행이었지만, 평소에 미리 준비해두지 않으면 한자 문제에서 당황할 가능성이 높다는 생각이 들었다. 사자성어 문제의 경우 네 개 한자를 모두 모르더라도 두세 개 정도의 한자를 바탕으로 본래의 뜻을 유추해서 풀었던 것이 팁이라면 팁이다.

2) 수리력

• 도움이 된 준비 : 문제에 대한 집착은 금물

개인적으로 생각하기에 수리력 항목은 추리력 항목과 더불어 침착하게 문제에 접근해야 하는 항목이다. 시간은 한정되어 있는데 풀어야 할 문제는 많고, 게다가 대부분 아리송한 문제여서 한 문제당 소요되는 시간이 길어졌다.

모르는 문제는 과감히 넘어가고 아는 것들부터 신속하게 푼 다음, 남겨두었던 문제들을 다시 풀었다. 문제를 풀 때는 먼저 그 문제를 이해하려 했다. 굳이 공식을 쓰지 않고도 간단히 생각해보면 풀리는 문제들이 몇 개 있었던 덕분에 시간을 절약할 수 있었다.

• 아쉬운 준비 : 공식 암기 및 응용력 부족

앞서 이야기한 바와 같이 준비 기간이 부족했고 수리의 경우 모든 응시자가 그렇겠지만 나 또한 취약한 분야였다. 중·고등학교 시절 암기했던 공식들만 써도 다 풀 수 있는 문제들이었지만, 기본 공식들이 명확하게 생각나지 않아서 빨리 풀어나갈 수 없었다. 무엇보다도 지문이 길었기 때문에 문제가 요구하는 부분에 맞춰 어떤 공식을 적용해야 할지 판단하는 것이 어려웠다.

3) 추리력

• 도움이 된 준비 : 문제집을 통한 문제 대응방법

대기업 취업 대비 전문 사이트인 E사에서 출간한 문제집을 주로 활용하여 문제 접근법을 익혔다. 도형변환 문제에서는 작은 도형들이 겹쳐 나오는 것이 없는지 찾은 뒤 각 도형별 특징을 찾아냈다. 시계방향으로 90도 회전인 경우 '시90', 좌우 대칭인 경우 '좌우'라고 문제 옆에 적어놓으니 도움이 되었다.

추리력의 경우 수리력과 마찬가지로 시간이 부족하기에 지원자의 입장에서 마음이 급해지기 쉬우며, 침착하게 생각해도 도형의 변화 모습을 추리하기 어려웠다. 그래서 글(시90, 좌우 등)로 적어놓고 도형의 모양 변화를 먼저 이해한 뒤 신속히 답을 찾으려 했다.

• 아쉬운 준비 : 언어 추리에 있어서 문제 접근방법을 몰랐다

우선 시간이 매우 부족했고 연습할 때에도 접근법을 스스로 만들지 못해 가장 힘들었던 영역이다. 다양한 문제를 많이 풀어보면서, 논리의 흐름에 따라 정답에 접근하는 프로세스에 익숙해지는 것이 필요하다는 생각이 들었다.

4) 직무상식

• 도움이 된 준비 : 꾸준한 종이신문 읽기 및 독서

언어력과 마찬가지로 꾸준한 독서와 신문 탐독이 문제를 푸는 데 도움이 되었다. 특히 종이신문을 볼 때 신문에서 설명하는 낯선 사회과학 및 자연, 응용과학 용어를 정리해두고, 독서를 할 때에도 모르는 용어나 단어가 나오면 그때그때 찾아봤던 덕을 많이 보았다.

●아쉬운 준비 : 과학 분야 지식 부족

이번 직무상식에서는 과학 문제가 많았고, 특히 과학현상을 설명하고 그와 유사한 것을 고르라는 문제들도 출제되었다. 하지만 지문에 설명된 과학현상이 너무 생소해서 머릿속에 구체적인 모습이 그려지지 않았고, 따라서 정답을 찾는 과정이 힘들었다.

앞으로의 SSAT 준비 계획

수리력과 추리력 영역을 집중 연습할 계획이다. 물론 다른 분야에 대한 준비도 하겠지만, 수리력과 추리력의 경우 타 지원자들과의 변별력을 보일 수 있는 부분이라고 생각되기에 다양한 유형의 문제를 풀어보려고 한다. 연습할 때 많은 문제를 풀어보는 것도 중요하지만, 그보다 다양한 문제를 접하는 데 중점을 둠으로써 생각의 폭을 넓히려 한다.

언어력 영역에 대비해서는 문제를 많이 풀어볼 계획이다. 이 부분에서는 다양성보다 문제 자체의 양을 늘림으로써 부족한 어휘력을 보완할 필요가 있기 때문이다.

직무상식의 경우에는 기존의 방법처럼 꾸준히 종이신문을 구독하고, 현재 가지고 있는 문제집의 뒷면에 있는 시사상식 내용을 정독함으로써 상식의 양을 늘리려 한다.

"삼성이 SSAT 시험에서 검증하려는 능력은 논리적 사고입니다."

"오랜 기간 신문을 정독한 사람, 책을 많이 읽은 사람이 유리합니다."

"신문과 책이 삼성 입사를 위한 최고의 참고서입니다."

삼성의 인사 임원들이 공식 인터뷰를 할 때, 공통적으로 강조하는 말이다.

나는 요즘도 머리가 복잡할 때마다 집 근처에 있는 도서관에 간다. 도서관에 가면 골치 아픈 문제는 내려놓고 편히 앉아서 『명탐정 코난』 만화나 셜록 홈스 추리소설 시리즈를 읽곤 한다. 좋아하는 책을 읽고 나면 머리도 개운해지고, 간혹 문제해결의 아이디어를 얻을 때도 있다.

코난과 홈스는 논리적 사고력이 뛰어난 탐정이다. 그들은 주위에서 일어난 사건을 다른 사람과는 다른 시각에서 추리함으로써 정확히 범인을 밝혀낸다. 미궁에 빠질 것 같은 사건도 그들 눈으로 보면 해결의 실마리가 잡힌다. 논리적 사고란 사물을 이치에 맞게 차분히 따지고 앞뒤를 가려, 오류와 모순이 없이 여러 가지를 생각하는 것을 말한다. 이런 논리적 사고의 목표는 자신의 생각을 조리 있게 정리하고 전달하여 상대방을 설득하는 것이다. 이는 곧 문제해결능력과 창조적 사고력으로 연결되기도 한다.

논리적으로 상대방을 설득할 줄 아는 사람은 '이성 지향적'이다. 그들은 구체적이고 체계적인 정보를 근거로 명확하게 말하고, 상대방과 대화할 때에는 항상 결론부터 이야기하며 목소리나 몸짓도 자연스럽다.

반대로 논리적으로 상대방을 설득하지 못하는 사람은 '감정 지향적'

이다. 그들은 구체적인 정보가 부족하기 때문에 말끝을 흐리고, 상대방과 대화할 때에도 하나의 이야기를 결론 없이 장황하게 이야기하며 부담스러운 행동을 자주 보인다.

논리적인 사람과 비논리적인 사람의 특징

논리적인 사람		비논리적인 사람
• 명확하게 말한다. • 정보(근거)에 강하다. • 이성 지향적이다. • 결론부터 말한다. • 목소리, 제스처가 자연스럽다.	VS	• 말끝을 흐린다. • 정보(근거)가 부족하다. • 감정 지향적이다. • 하나의 이야기를 장황하게 설명한다. • 부담 주는 행동을 자주 한다.

　회사는 논리적 사고로 상대방을 설득할 줄 아는 사람을 원한다. 여기서의 상대방은 상사가 될 수도 있고, 외부고객과 내부고객을 통칭하는 넓은 의미의 고객이 될 수도 있다. 회사에서는 보고서를 작성한 다음 보고 또는 협의를 통해 상대를 설득하게 된다. 결국 논리적 사고는 회사에서 가장 빈번하게 이루어지는 보고서 작성과 밀접하게 연결되므로, 보고서는 곧 논리적 사고의 결과물이라 할 수 있다.

　선진기업들은 채용과정에서 논리적 사고를 측정하는 대표적인 도구로 로직퍼즐logic puzzle이나 압박면접 등을 사용한다. 퍼즐 인터뷰puzzle interview, 수수께끼 같은 문제 등의 로직퍼즐은 마이크로소프트MS가, 지원자의 약점이나 콤플렉스 등을 꼬집어 진행하는 압박면접은 미국의 혁신기업들이 면접 시에 많이 활용한다.

종이신문을 읽자

일상생활에서 논리적 사고력을 키우는 방법으로는 종이신문 읽기, 다양한 독서, 일기 쓰기, 토론 등이 있다. 그중 SSAT 시험을 위해 내가 자신 있게 권하는 것은 바로 종이신문 읽기다. 이 방법은 실행했을 때 효과가 가장 확실하며, 많은 합격자들의 사례를 통해 효과가 증명된 방법이기도 하다.

회사는 경영환경 변화에 민감한 동물과도 같아서 기술적인 변화 트렌드에는 빠르게 반응하는 반면, 사회적인 변화에는 보수적으로 반응한다. 입사 지원자로서 기술적인 변화와 사회적인 이슈에 대해 삼성과 호흡을 같이하려면, 종이신문을 꾸준히 읽는 것이 최고의 답이다.

종이신문은 국민 대다수가 관심을 가지는 이슈에 대해 종합적이고 심층적인 분석 기사를 싣는다. 동일한 이슈가 시리즈로 게재되면 나중에는 제목만 읽어도 핵심 내용과 흐름을 파악할 수 있다. 특히 종이신문은 사회적인 이슈에 대해 균형감 있는 시각을 갖게 해준다. 지속적으로 깊이 읽다 보면 기사 행간에 숨어있는 의미를 파악할 수 있는 능력을 키울 수 있으니, 인터넷에서 흥미 있는 기사만 클릭해서 읽지 말고 종이신문과 친해지도록 하자.

이런 종이신문은 SSAT 시험 준비에 있어 종합 학습지 역할을 한다. 종이신문을 꾸준히 읽으면 기초능력검사, 직무능력검사의 모든 항목에 필요한 정보를 얻을 수 있기 때문이다. 특히 효과가 큰 항목은 직무상식, 언어력, 상황판단력 순이다.

논리적 사고력을
기 르 자

종이신문이 SSAT 문제 해결에 주는 도움

● 탁월한 효과가 있다
○ 긍정적 효과가 있다

기초능력검사				직무능력검사	인성검사
언어력	수리력	추리력	공간지각력	직무상식	상황판단력
●	○	○	○	●	●
•어휘력 •한자 •고사성어 •문장배열 •장문독해	•자료 해석력	•언어 추리력	•자료 독해력	•일반 상식 •경영/경제 •과학 공학 •인문학 지식 •역사 •베스트 셀러 •삼성 이슈 삼성 제품	•상황 이해력 •개인보다 조직을 우선시하는 마인드

　　직무상식 영역에 대비해 신문을 활용하면 일반 상식, 경제/경영, 과학/공학, 삼성 이슈, 삼성 제품, 베스트셀러와 관련된 문제를 푸는 데 탁월한 효과를 거둘 수 있고, 최신 IT 용어나 특이한 사회현상을 다룬 문제에 대해서도 대응할 수 있다. 특히 인문학적 상식과 역사 문제에 관해서도 종이신문의 역할은 빛을 발한다. 국내외적으로 이슈가 된 상황이 역사 스토리와 연결되어서 문제로 출제될 가능성이 크기 때문이다. 언어력의 경우 어휘력, 한자, 고사성어, 문장배열, 장문독해 문제를 빨리 파악하는 데 도움이 된다. 아울러 수리력에서의 자료해석 관련 문제, 추리력에서의 언어 추리 관련 문제에 대한 실력도 종이신문 정독을 통해 키울 수 있다. 인성검사에 포함된 상황판단력의 경우에는 문제에 대한 균형 있는 시각, 개인보다 조직을 먼저 생각하고 선택하는 방법,

복잡한 상황을 쉽게 이해하는 능력을 기를 수 있다.

종이신문 읽기는 SSAT는 물론이고 에세이, 면접에도 큰 도움을 주는데, 특히 에세이 2는 종이신문을 꾸준히 읽지 않으면 제대로 작성하기 어렵다. '최근 사회적 이슈 중에서 중요하다고 생각되는 한 가지와 이에 대한 자신의 견해는 무엇인가?'라는 종류의 문제에 당신은 어떤 답안을 써내려 갈 것인가? 이에 대비하는 방법은 종이신문 정독이 유일하다. 평소에 종이신문을 읽지 않으면 관심 이슈를 선정하기 힘들고 경쟁자와 차별성 있는 답안을 작성하는 것도 어렵기 때문이다.

종이신문의 중요성은 임원면접 시의 단골 질문 몇 가지만 살펴봐도 쉽게 알 수 있다.

"선진국의 경우 기업가들이 국민들로부터 존경을 받지만, 우리나라에서는 그렇지 않다. 그 이유는 무엇인가?"

"사회 발전을 위해 기업이 가장 우선적으로 해야 할 일은 무엇인가?"

"경제 민주화에 대한 당신의 의견은 어떠한가?"

"정부가 경제정책을 운영할 때는 성장정책과 분배정책 중 무엇을 우선시해야 하는가?"

이런 질문을 듣는 순간, 종이신문에서 자세히 읽었던 기사 내용이 떠오른다면 당신은 대답하는 데 자신감이 생길 것이다.

신문은 종합신문 가운데 한 가지, 경제신문 가운데 한 가지 등 최소한 두 가지 이상을 읽는 것이 좋다. 삼성의 대다수 임원은 종합신문과 경제신문을 각각 한 가지 이상 읽기 때문이다.

신문별로 특징이 있다는 점도 참조할 필요가 있다. 종합신문의 경우

논리적 사고력을
기 르 자

보수적 성향이 강한 신문과 진보적 색깔이 강한 신문이 있다. 보수성이 강한 신문부터 보자면 조선일보, 중앙일보, 동아일보, 경향신문, 한겨레신문의 순인데, 모든 것을 다 볼 수는 없으니 그중 두 가지 정도를 선택해야 한다. 하지만 당신의 선호도를 선택 기준으로 삼는 것은 곤란하다. SSAT와 면접에 대비하기 위한 것인 만큼, 삼성 면접위원들이 많이 읽는 신문을 선택하는 것이 유리하기 때문이다. 그렇다면 그들은 주로 어떤 신문을 읽을까? 앞에서 이야기한 '사회적인 변화에는 보수적으로 반응한다'라는 내용이 답이다. 삼성 면접위원들 중 다수가 보수성이 강한 신문을 읽기 때문이다.

종이신문은 6개월 이상 꾸준히 읽어야 트렌드 변화를 감지할 수 있고, 각 지면에 익숙해지기도 한다. 주요 쟁점과 그에 관한 사설은 내용이 어렵더라도 읽는 것이 좋고, 삼성과 관련된 이슈도 놓치지 말아야 한다. 읽고 싶은 내용만 읽는 것이 아니라 모든 분야를 훑어보듯이 읽어야 함을 기억해두자. 그다음에는 중요 이슈를 자세히 읽으면 된다. 다음은 종이신문을 참고서 삼아 입사를 준비해서 삼성전기 연구개발직군에 합격한 어느 합격자의 조언이다.

"저는 제대 후 3학년에 복학한 다음, 선배의 조언을 듣고 종이신문을 꾸준히 구독했습니다. 아버지께서 보시는 종합신문에 경제신문을 하나 더 추가해서 읽었지요. 처음에는 신문을 보는 데 많은 시간이 걸렸지만, 습관이 들자 노하우도 생겼습니다.

1년 넘게 신문을 본 결과, SSAT 시험을 볼 때 큰 도움을 받았습니다. 임원면접에서 나온 성장과 분배에 대한 질문, 직무역량면접에서 나온 휴대폰의 세대별 특징과 트렌드에 대한 질문에도 자신 있게 대답했습니다. 신문에서 읽은 기사가 위력을 발휘한 것이죠. 이처럼 상대적으로 면접을 잘 치른 것이 합격에 유리하게 작용한 것 같습니다."

다양한 독서와 일기 쓰기

독서를 통해 이해력과 사고력을 키우자

논리력을 향상시키는 데 필요한 또다른 한 가지는 풍부한 독서를 통해 독해 능력을 키우고 다양한 정보를 수집하는 훈련이다. 우리는 독해를 통해 대부분의 정보를 얻는다. 여기에서의 독해는 타인이 쓴 글을 읽거나 타인의 말을 들어서 이해하는 것을 의미한다. 바꿔 말해 독해력이 떨어지면 사고를 위한 기본 자료가 부족해지고, 따라서 사고력도 빈약해진다.

독서는 글자를 읽는 것이 아니라 '글자를 통해 전달된 글쓴이의 생각을 자신의 사고에 추가하는 과정'이다. 하지만 단순히 그 내용만을 추가해서 기억하기보다는 글자를 통해 표현된 글쓴이의 생각을 이모저모 꼼꼼하게 따져보고 비판함으로써 완전히 자신의 것으로 만드는 것이 중요하다. 또한 시중에 출간된 책들은 충분한 검증을 거친 콘텐츠이기 때문에 비판적인 독서를 꾸준히 하면 이해력과 사고력도 자연히 향상된다.

말하기나 글쓰기는 자신의 사고내용을 음성언어나 문자언어로 표현하는 과정이다. 사고력에 결함이 있다면 사고내용은 물론 그것을 표현한 말이나 글 역시 논리적일 수 없으므로 충분한 독서를 통해 이해력과 사고력을 일정 수준 이상으로 끌어올려야 한다. 여기에서의 일정 수준이란 글의 내용을 이해하고, 그 이해한 내용을 논리적으로 정리할 수 있는 수준을 말한다. 그다음에 이해하고 정리한 내용을 차분하게 말이나 글로 옮기는 연습을 하면 SSAT 시험에 충분히 대비할 수 있다. 다음은 독서에 대한 삼성전자 반도체사업부 개발팀장의 조언이다.

"저는 다독을 권장합니다. 소설, 수필, 만화, 전문도서 등 전 분야의 책을 읽으세요. 심지어 유아용 책자에도 배울 것은 많습니다. 누구에게 보여주려는 의도보다 자기계발을 위해 많은 책을 읽는 게 입사에 도움이 됩니다. 덧붙여 외국 학술자료나 논문 등도 수월하게 읽을 수 있어야 하기 때문에 지금도 저는 외국어를 공부합니다."

일기 쓰는 습관을 기르자

일기를 쓰면 자신만의 생각하는 힘이 길러지고 스토리를 만들 수 있는 근육이 단련된다. 채용은 미래의 가능성을 주고받는 딜deal이다. 지원자는 자신의 가능성을 판매하고 회사는 그 가능성을 사는 것이다. 회사는 당신이 지금 무엇을 갖추고 있고, 앞으로 얼마나 성장할 수 있는가를 판단한 뒤 성장 가능성이 높은 지원자를 선택한다.

미래의 가능성을 키우는 방법은 나만의 경험으로 스토리를 만드는 것이다. 경험에 생각이 뿌려져 발효되면 스토리가 된다. 자신만의 스토리를 만들 수 있는 사람은 결코 스펙에 갇히지 않는다. 당신의 스토리에 열정과 진심을 담아 당신의 언어와 방법으로 그것을 전달하자. 그리고 당신의 스토리가 회사의 누구와 협력하여 새로운 스토리로 만들어질 수 있을지를 어필하자.

일기를 쓰면 자신의 생각을 정리하고 표현하는 습관이 길러지기 때문에 논리적 사고력을 키우는 충분한 연습이 된다. 지금부터라도 매일, 또는 1주일에 한 번씩 일기를 쓰는 습관을 길러보자.

미리 쓰는 자서전, 숙명여대의 실험

숙명여대는 2013년 12월 '미리 쓰는 자서전自敍傳' 행사를 개최했다. 70세 이후에나 쓸 법한 자서전을 학생들이 미리 써보게 하는 수업을 전 교생 대상으로 실시한 것이다. 우선 신입생부터 1학년 1, 2학기 중 교양 필수과목인 '역량개발' 수업을 들으면서 의무적으로 자서전을 쓰게끔 하는 프로그램을 운영하고 있다. 학생들이 과거를 성찰하고 미래를 설계하는 기회를 갖도록 해서 인생의 방향을 정하게 하려는 목적이다.

공모전에서 금상을 수상한 4학년 학생은 "좋은 대학, 해외연수, 대기업 취직이 의무처럼 돼버린 세대인데 바쁜 일상을 멈추고 돌아보니 내가 참 열심히 살았다는 것을 알게 됐다. 자서전을 쓰면서 그런 나를 더 사랑하게 됐다"라고 말했다. 프로그램 기획에 참여한 교육학 교수는 "모든 리더십은 성찰에서 시작되므로 20대에 과거를 반추反芻한다는 것에 의미가 있고, 이 과정을 통해 학생들은 논리력과 자기표현력을 기를 수 있다"라는 기대감을 나타냈다.

나는 이 같은 프로그램이 취업을 준비하는 학생들에게 큰 도움이 된다고 생각한다. 자신의 경험과 미래를 설계하는 과정에서 논리적 사고력을 기를 수 있기 때문이다. 더구나 요즘 대학생들은 자기중심적 사고를 갖기 쉬운데, 자서전을 쓰면 인생에 대한 균형감을 기를 수 있으므로 이런 프로그램을 수강하지 않는 학생들이라도 한 번쯤 시도해보면 좋은 방법이 될 듯하다.

3장

삼성 에세이
작성
가이드

입사지원서
작성 포인트

　SSAT를 통과한 지원자는 입사지원서의 추가사항과 에세이를 작성해야 한다. 이 내용은 면접위원들에게 제공되는 핵심자료이기 때문에 매우 중요하다.

　중요한 것은 모든 항목에 대해 솔직하게 작성해야 한다는 점이다. 이때 작성한 내용이 면접에서 질문으로 연결될 경우, 자신 있고 일관성 있게 답변할 수 있어야 하기 때문이다. 따라서 입사지원서와 에세이에서 우선 면접위원의 시선을 끈 뒤, 그것을 질문으로 유도하는 것이 최고의 방법이다. 지원한 회사와 직무, 전공과 연결해서 작성하면 면접위원의 공감을 얻을 수 있다.

　먼저 SSAT 시험 통과자가 작성하는 입사지원서의 추가사항을 살펴보자.

입사지원서 양식(기본사항+추가사항)

최초 지원서 (기본사항)	기본	• 개인정보	
		• 연락사항	
	학력	• 최종학력	
	경력	• 병역사항	
	자격	• 어학자격	• 필수어학 • 중국어 • 기타 외국어
		• 자격/면허사항	• 한자자격
면접 대상자 (추가사항)	희망직무		
	취미/특기		
	해외 체류경험		
	사회활동		
	존경인물 및 이유		

희망직무

이공계 출신 지원자가 알아두면 좋은 팁 중 하나는 지원할 수 있는 분야가 연구개발직군에 한정되지 않고, 오히려 영업마케팅직군에 지원하면 가점을 받을 수 있다는 것이다. 물론 여기에는 몇 가지 조건이 있다. 성격이 활발하고 외향적이고 사람 만나는 것을 좋아하고, 외국어 실력도 겸비하고 있다면 도전해볼 만하다.

삼성전자의 반도체와 LCD 부문, 삼성전기, 삼성SDI는 전자기기(세트)가 아닌 전자부품을 만들고, 일반 소비자를 상대로 영업하는 B2C 사업이 아니라 세트업체를 고객으로 하는 B2B 사업을 전개하고 있다. 세트와 다르게 전자부품 영업은 '엔지니어링 마케팅'이기 때문에 기술과 제품을 알아야 제대로 된 영업활동이 가능하다. 그런 의미에서 회사에서는 엔지니어 출신의 영업맨을 원하는 것이 사실이다.

이때 꼭 염두에 두어야 할 것이 있다. 일단 영업마케팅부서에 배치를 받은 뒤 3~4년 정도가 지나면 다시 연구개발부서로 전배하는 것이 쉽지 않다는 것이다. 전자산업은 기술 변화가 빠른 분야이기 때문에 엔지니어에게 있어 3~4년의 공백은 생각 이상으로 크다. 그러니 지원 직군을 정할 시에는 신중에 신중을 기하도록 하자.

취미 또는 특기

가장 많은 지원자들이 기입하는 내용은 독서, 운동, 여행 등 일반적인 것들이다. 때문에 일부러 만들 필요는 없지만 독특한 취미나 특기가 있다면 주목을 받을 수 있다. 직무관련 경험과 연관된 취미나 특기도 좋다.

해외체류 경험

영업마케팅직군 지원자에게 있어 해외체류 경험은 평가 시 중요한 요소가 될 수 있다. 그러나 일정 수준의 외국어 회화 실력을 갖고 있다면 어학연수 경험은 큰 메리트가 없다.

삼성이 전문성과 무관한 '보여주기용 스펙'의 대표적인 폐해로 지적하고 있는 것은 바로 어학연수다. 그렇기 때문에 '어학연수 이외의 목적으로 1년 이상 해외에서 체류한 경험을 기술해달라'고 요구하는 것이다. 하지만 해당사항이 없으면 빈칸으로 남겨도 된다.

사회활동

사회활동 가운데 가장 일반적인 것이 봉사활동이다. 요즘 대학생들은 봉사활동도 스펙의 하나로 생각하지만, 평범한 봉사활동을 많이 한 것이 차별화 요소가 될 수는 없다. 남다른 스토리가 아니면 주목받기 어려워진 것이 사실이므로, 이제는 자신의 전공을 활용한 사회활동이나 재능기부 등을 하는 것이 필요하다.

존경인물 및 이유

이 항목의 핵심은 '누구'를 존경하느냐가 아니라 그 인물을 존경하는 '이유'다. 지원자들이 기입한 내용을 보면 위인, 은사, 부모 등 다양한 답과 그 이유가 나오는데, 이는 회사 입장에서 지원자 개인의 가치관, 사고방식과 연결하여 그 사람을 판단하는 참고자료가 된다.

인터넷상에 떠도는 내용 중에는 '존경하는 인물로 부모를 쓰면 탈락한다'는 것이 있는데 이는 사실과 다르다. 부모를 존경한다 하더라도 그 이유를 독창적인 측면에서 설명하면 되기 때문이다. 내 경험을 바탕으로 한 가지 팁을 주자면 일반적인 인물보다는 지원한 회사, 직무, 전공과 관련된 롤모델 및 이유를 서술하는 것이 좋다.

성공 면접의 열쇠,
에세이

요즘 채용시장에는 '자소서 신드롬'이 불고 있다. 기업들이 신입사원 채용에서 토익·학점 등 정량적 스펙 대신 직무관련 경험, 인턴참여 여부, 지원직무에 대한 이해도 등 정성적 평가요소를 강화하면서 자기소개서 문턱이 전보다 훨씬 높아졌기 대문이다. 삼성을 시작으로 '책상 스펙'보다 '현장 스펙'을 중시하는 쪽으로 채용 패러다임이 바뀐 영향도 있는데, 개인적으로 보건대 이는 당연한 현상이다. 인사담당자 입장에서 스펙 대신 정성적 평가요소로 검증하려면 자기소개서 이외에는 달리 활용할 자료가 없기 때문이다. 이처럼 탈脫 스펙 기조에 따라 자연스럽게 자기소개서(에세이)의 비중은 예전보다 두세 배 정도 늘어날 것이고, 그만큼 에세이 작성에 어려움을 겪는 취업 준비생도 증가할 것이다.

삼성은 2012년 하반기부터 자기소개서 형식을 에세이로 바꾸었다. 글자수도 기존 자기소개서에서 항목당 200~500자였던 것이 에세이로 변형되면서 총 3,000자로 달라졌다. 또한 전에는 모든 지원자가 자기소개서를 작성했지만, 이제는 SSAT 합격자에 한해 에세이를 작성하게 되었다.

"10초 안에 나의 미래가 결정된다."

이것은 에세이의 중요성을 강조하는 말이다. 그런데 면접위원은 당신을 면접하기 전에 에세이를 꼼꼼히 읽어볼까? 에세이 내용이 면접 결과에 큰 영향을 미칠까?

면접위원이 당신의 에세이를 자세히 읽어보기를 기대하지 마라. 그들에게는 시간 및 마음의 여유가 없다. 30분에 한 명씩, 하루에 열다섯 명 이상을 면접한다고 생각해보라. 당신은 당신의 에세이가 특별한 내용을 담고 있다고 생각하겠지만 면접위원이 보기에는 다른 지원자의 에세이 내용과 비슷할 뿐이고, 그러니 면접 후반부로 갈수록 지루함과 피곤함을 느낄 수밖에 없다.

면접위원은 지원자의 자료를 면접일 이전에 자세히 읽어볼 수가 없다. 인사팀이 면접일 전에는 지원자의 자료를 미리 보내주지 않기 때문에 면접위원은 면접 당일, 면접장에 가서야 노트북에 들어있는 자료를 잠시 볼 수 있을 뿐이다. 게다가 면접 당일에도 시간적인 여유가 없다. 한 명의 면접을 마치고 나면 1분 이내에 다음 지원자가 들어온다. 면접위원은 지원자의 에세이를 주요 키워드 위주로 대략 훑어본 다음, 1분간 지원자의 자기소개를 듣게 된다.

그럼에도 에세이는 면접 결과에 큰 영향을 미친다. 면접위원이 질문거리를 찾을 수 있는 유일한 자료이기 때문이다. 그러니 에세이가 나의 미래를 결정한다는 마음으로 에세이 작성에 공을 들이자. 어렵게 SSAT 시험을 통과했는데 면접에서 탈락하면 너무 아깝지 않은가?

에세이 작성 시 공통적으로 중요한 점은 자신이 지원한 기업 및 직무를 얼마나 잘 이해하고 있는지, 또 그러한 직무에 자신의 성격과 직무

능력이 얼마나 잘 맞는지를 제대로 표현하는 것이다. 하지만 사실 삼성이 원하는 것이 무엇인지 잘 알지 못해 걱정하는 지원자가 많으니, 여기에서는 삼성 지원 시의 에세이 작성법을 자세히 살펴보자.

유기적으로 연결된 하나의 스토리여야 한다

삼성의 인사 담당자가 선호하는 에세이에는 어떤 특징이 있을까? 당신이 평소 생각하던 것과 큰 차이가 없다. 소제목으로 간결하게 정리되어 있고, 개성 있는 문체로 작성된 것이면 되기 때문이다. 이런 에세이에서는 면접위원이 손쉽게 질문거리를 찾아낼 수 있다.

삼성 임원들은 지원자의 에세이를 어떤 기준에서 평가할까? 나와 함께 면접을 본 삼성 임원들의 불만사항을 정리해보자. 조사해본 바에 의하면 삼성 인사 담당자의 39%는 '소제목으로 내용을 정리한 에세이', 27%는 '개성 있고 구체적인 내용으로 작성된 에세이'를 좋아한다. 반대로 다른 지원자들과 비슷하고 빤한 내용의 에세이(25%), 맞춤법이나 띄어쓰기가 엉망인 에세이(22%)는 면접관에게 지원자가 무성의하다는 인상을 준다. 또한 사전에 에세이를 꼼꼼히 읽어볼 시간이 부족하기 때문에 당연히 긴 문장들이 많은 에세이는 싫어하고, 종이 전체를 빽빽하게 채운 에세이도 읽기에 답답하므로 부정적인 느낌부터 받게 된다.

이런 불만을 듣지 않으려면 어떤 비결로 에세이를 작성해야 할까? 크게 세 가지로 정리해서 살펴보자.

• 소제목을 활용하여 면접위원에게 임팩트를 주자. 하나의 짧은 문장으로

확실하게 강조하여 면접위원의 시선을 끌고 질문을 유도해야 한다.

- 결론을 먼저 내린 뒤 구체적인 사례를 설명하되, 간결한 문장으로 작성하자. 허용된 공간(글자수)의 80% 수준에서 마무리하는 것이 좋다. 100% 빽빽하게 채우고 싶은 욕심을 버리자.
- 당신이 일구어낸 경험을 남다른 스토리로 보여주자. 경험에서 얻은 성과나 배운 점은 두루뭉술하게 표현하지 말고, 가능하면 숫자로 명확하게 강조하는 것이 좋다.

유기적으로 연결된 하나의 스토리를 작성해내는 것도 에세이 작성 시의 포인트다. 에세이는 글자수에 제한이 있는 만큼 키워드도 신중하게 선정해야 한다. 키워드들은 당신을 차별화시키는 포인트가 될 수 있지만 제각기 노는 따로국밥이 되어서는 안 된다. 축구 국가대표단에는 최고의 선수들이 모이지만 개인의 실력이 바로 팀의 실력으로 연결되지는 않는다. 즉, 각자가 단독 플레이를 해서는 이길 수 없고, 팀플레이가 되어야 승리할 수 있는 것과 같다. 이런 점을 생각해서 에세이 작성 시에도 키워드들을 유기적으로 연결시켜 당신만의 경험이 효과적으로 나타나도록 해보자.

입사지원서와 에세이는 면접을 위한 자료이므로 A부터 Z까지 모든 것이 하나의 스토리를 향해서 가야 한다. 전공과목 성취도와 직무관련 경험, 그리고 에세이가 따로 따로 놀아서는 안 되고, 이 모든 것이 당신의 경쟁력을 설명하는 한 가지를 향해 하나로 연결되어야 한다는 뜻이다. 작은 것부터 큰 것까지 모두 유기적으로 연결되어 작성된 에세이 내용, 그리고 그 내용을 면접 시 답변에서도 일관되게 유지할 수 있다면 합격이라는 문에 한발 더 다가설 수 있다.

성공 면접의 열쇠,
에 세 이

다음은 면접위원인 지원팀 간부의 조언이다.

"글자수가 제한되어 있는 에세이에서 적은 글자수로 나를 표현한다는 것은 정말 어려운 일이라서 키워드 선정이 정말 중요합니다. 나를 나타낼 수 있고, 나만의 경험을 살릴 수 있는 키워드를 뽑아야 한다는 것이죠. 그런 키워드들이 유기적으로 연결된다면 자신이 아는 것들을 효과적으로 표현할 수 있습니다."

에세이 작성의 답은 면접 키워드에 있다

삼성 에세이를 작성하기 전에 네 가지 주제 및 그와 관련된 질문들에 대해 생각해보자. 먼저 주제별로 다음 관점에서 정리해보면 큰 도움이 될 것이다.

- **삼성을 선택한 이유**
  - 삼성에 대해서 어느 정도 알고 있다고 생각하는가?
  - 삼성○○(계열사명)을 선택한 이유는 무엇인가?
  - 삼성의 인재상은 무엇인가?
  - 자신의 역량이 삼성의 인재상과 부합한다고 생각하는가?
  - 평소 삼성에 대해 어떤 이미지를 갖고 있는가?
  - 삼성○○와 관련된 에피소드가 있는가?
- **삼성에서 이루고 싶은 꿈**
  - 삼성만이 할 수 있는 일은 무엇이라고 생각하는가?
- **어떤 직무를 수행하고 싶은가?**

– 당신이 지원한 직무에 대한 10년 후 비전과 삼성 차원에서의 10년 후 비전의 공통점은 무엇이라 생각하는가?

– 삼성에 입사한 후 포부는 무엇인가?

• **현재 자신의 위치에 오기 위해 수행했던 노력과 지원한 직무 분야에서 성공하기 위한 노력(계획)**

– 대학생활을 하면서 가장 힘들었던 경험은 무엇인가?

– 대학생활을 하면서 가장 성취감이 컸던 경험은 무엇인가?

– 당신의 장단점은 무엇인가?

– 당신이 지원한 직무를 선택한 이유는 무엇인가?

– 향후 3년, 5년, 10년 후에 자신의 분야에서 어떤 사람으로 성장하고 싶은가?

• **최근 사회 이슈 중 중요하다고 생각되는 한 가지와 그에 대한 자신의 견해**

– 당신이 지원한 사업 분야와 관련된 사회 이슈가 있는가?

– 이슈가 되고 있는 사회 문제를 사회적인 시선과 기업가의 시선으로 다양하게 분석해보자.

– 작성한 글을 읽어보고 타인의 견해가 반영되어있지 않은지 점검한 후 최대한 자신의 의견을 바탕으로 작성하자.

에세이의 네 개 주제와 면접평가의 키워드들 사이에는 당연히 밀접한 관계가 있다. 에세이는 면접 시 면접위원이 질문을 하는 데 필요한 자료이기 때문이다.

다음은 에세이와 면접 키워드의 연관성을 분석한 것이다. 에세이의 네 개 작성항목은 임원면접과 직무역량면접의 평가 키워드는 물론, 예전에 작성했던 자기소개서의 작성항목과도 연관성이 있다. 이를 이해하면 에세이 작성의 포인트를 잡을 수 있을 것이다.

에세이와 면접 키워드의 연관성 분석

	작성 항목	임원면접 평가 키워드	직무역량면접 평가 키워드	(예전의) 자기소개서
에세이 1	① 삼성을 선택한 이유	• 적극성/열정 • 조직관/기업관		• 지원동기
	② 삼성에서 이루고 싶은 꿈	• 적극성/열정	• 직무동기 • 직무능력	• 장래 포부
	③ 현재 자신의 위치에 오기 위해 수행해온 노력과 지원한 직무분야에서 성공을 위한 노력(계획)	• 개인품성 • 대인관계 • 적극성/열정	• 창의성 • 직무동기 • 직무역량	• 장점 • 단점
에세이 2	④ 최근 사회 이슈 중 중요하다고 생각되는 한 가지와 그에 대한 자신의 견해	• 조직관/기업관	• 의사소통 (설득력)	

에세이 1의 작성 포인트

에세이 1에서는 ①나는 이런 이유로(혹은 꿈에서) 삼성을 선택했고, ②그 이유(혹은 그 꿈)을 삼성에서 이렇게 실현시키고 싶으며, ③이를 위해 나는 이런 노력을 해왔고, 앞으로도 노력할 계획이다 등의 세 가지 항목을 작성하게 된다. ①~③은 상호 연결성이 있게 기술해야 하고, 각각 따로 놀아서는 안 된다는 점에 주의하자. 이 세 가지를 좀 더 자세히 살펴보면 다음과 같다.

① 삼성을 선택한 이유

당신이 삼성에 지원한 동기를 확인하는 질문으로, 여기에서 중요한 것은 삼성에 대한 당신의 이미지다.

- 먼저 당신이 '하고 싶은 일'을 명확히 정의하고, 그것을 자신의 전공 및 지원한 직무와 결합시켜 설명하자.
- 그 일을 구현하는 데 있어 삼성이 가진 강점을 전달하자. 당신이 생각하는 삼성의 강점, 좋은 점을 설명하면 된다.
- 그 일을 삼성에서 구현하고 싶어 지원했다는 의지를 어필하자. 삼성에 대한 당신의 적극성과 열정, 당신이 좋아하는 삼성의 조직관과 기업관을 표현하는 것이 포인트다.

② 삼성에서 이루고 싶은 꿈

당신이 삼성에 입사한 후, 삼성 생활을 통해서 실현하려는 포부를 확인하는 질문이다.

- '무엇이 되고 싶다'가 아닌 '어떤 일을 하고 싶다'가 중요하다. 당신의 꿈, 목표, 비전을 구체화시키자. 막연히 해당 부문의 임원이 되겠다는 것보다는 해당 분야의 최고 전문가로 성장하고 싶다는 목표가 좋다.
- 10년 후, 20년 후에는 삼성에서 이런 일을 실현하겠다는 의지를 전달하자. 삼성에서 최고 전문가가 되어서 세계 일등기술, 일등제품, 일등서비스를 만들고 싶다는 포부를 비추면 된다.

- '삼성의 비전 실현＝나의 비전 실현'이 정답이다. 삼성과 당신의 '동반 성장' 의지를 진정성 있게 전달하자.

③ 현재 자신의 위치에 오기 위해 실행해온 노력과 지원한 직무분야에서의 성공을 위한 노력(계획)

당신의 학습성과와 경험, 장점과 단점, 그리고 개인품성(인성)을 검증하는 질문이다.

- ①과 ②를 위해 노력한 성과를 강조하자. 전공과목 성취도와 직무관련 경험이 대표적인 성과다. 두 가지 면에서 남들과 차별화된 당신만의 경쟁력을 표현하면 된다.
- 그 경험을 통해 배운 점을 어필하자. 그것을 당신의 장점과 연결시키고, 앞으로 어떻게 강화할 것인지를 전달하자.
- 혹은 부족한 점을 그동안 어떻게 고쳐왔고, 앞으로 어떻게 개선·극복할지를 설명하자.

여기에서 필요한 것은 당신이 일구어낸 남다른 스토리, 즉 차별화된 경험이다. 여러 가지 경험을 나열하지 말고 '대표 경험'을 강조하며 그것을 통해 당신만의 적극성과 열정, 직무동기, 직무 능력을 나타내는 것이 좋다.

성공 스토리도 좋지만 실패 스토리가 힘을 발휘할 수도 있다. 당신에게 의미 있고 남다른 성공 스토리가 없다면 실패에서 배운 점을 강조하자. 지원자 대부분이 성공 스토리를 이야기할 때, 의미 있는 실패 스토리는 그것보다 더 긍정적인 이미지를 심어줄 수 있으니 말이다.

에세이 2의 작성 포인트

—

에세이 2는 당신의 조직관/기업관, 의사소통 능력을 검증하는 항목으로 ④최근 사회 이슈 중 중요하다고 생각되는 한 가지와 그에 대한 당신의 견해를 묻는다. 당신은 어떤 분야에 관심을 가지고 있는가?

- 어떤 이슈를 선택하느냐가 중요하다. 민감한 이슈보다는 회사나 직무와 관련된 이슈가 좋다. 정치나 종교적인 이슈, 대기업에 대한 부정적인 이슈는 배제하자.
- 선택한 이슈에 대한 당신의 의견을 논리적으로 소신 있게 전달하고 당신의 전공, 지원한 직무나 회사와 관련지어 설명하자.
- 필요한 것은 균형감 있는 시각으로 이슈를 바라보고, 삼성의 기업문화와 호흡을 맞추는 것이다.

위와 같은 과정을 통해 명확하게 당신의 의견을 이야기하고, 당신의 주장을 소신 있게 펼친다면 좋은 결과로 이어질 것이다.

성공 면접의 열쇠,
에 세 이

최종 합격자의
에세이 작성 사례

　　다음은 최종 합격자 세 명의 에세이다. 실제 지원자가 작성한 에세이 그대로인 만큼, 삼성 입사 준비생들에게는 생생한 참고자료가 될 것이다. 현장감을 살리기 위해 지원자가 사용한 기호, 단어 등을 그대로 인용했다.

삼성전자 A사업부 합격자(전자공학 전공)의 에세이

1. 삼성을 선택한 이유

[삼성전자에서 꿈을 실현하고 싶습니다.]

　　전공과목을 배우면서 통신 분야에 관심을 가졌습니다. '블루투스를 이용한 삼각 측정'과 '실내 AP 공유기를 이용한 위치 탐색' 프로젝트를 진행하면서 Mobile 분야의 특징인 휴대성과 이동성에 매력을 느꼈으며, 더욱 큰 풍부한 성장 가능성을 보았습니다. 그렇기에 이 분야에서 일해

보길 꿈꿔왔습니다.

　Mobile 업계 1위 자리를 고수하는 삼성전자 A사업부에 관심을 갖게 된 저는 이곳이 단순한 변화에 대처하는 기업이 아니라 변화에 앞장서 나가는, '꿈을 실현할 수 있는 기업'임을 알게 되었습니다. 또한 고객에게 새로운 가치를 제공하고, 높은 삶의 가치를 추구하는 삼성전자만의 비전을 통해 제가 일할 곳이라는 확신을 하게 되었습니다. 저 역시 삼성전자에 걸맞은, 어떤 일이든 적극 행동하며 전문성을 추구하는 인재라 생각되어 지원을 결심했습니다.

2. 삼성에서 이루고 싶은 꿈

[삼성전자 A사업부에서 software engineer가 되고 싶습니다.]

　세상에서는 더욱 빠르게 새로운 트렌드가 생겼다 사라질 것입니다. 제가 생각하기에 미래에는 제품의 성능도 중요하겠지만, 변화하는 세상에 맞춰 빠르게 기능을 제공해주는 software의 중요성이 무엇보다 관건이 될 것입니다. 또한 특허가 지금보다 더욱 큰 무기로 부상하게 될 것입니다. 즉, 같은 제품이라도 세계에 걸맞고, 고객의 요구에 걸맞은 독창적인 기능을 만들 수 있는지가 기업의 생존과 직결될 것으로 보입니다.

　글로벌 기업, 삼성전자 A사업부에서는 고객에게 맞는 software를 개발하고 설계, 분석하여 제공할 수 있는 software engineer의 능력이 더욱 더 중요해질 것입니다. 그러므로 저는 삼성전자 A사업부만의 독창적인 software를 개발하여 세계 속에 살아 숨 쉬는, 전 세계 누구나 사용하는 휴대전화를 개발할 수 있는 software engineer가 되고 싶습니다.

[소속감과 소통, 배려를 통한 협업을 이루고자 합니다.]

'블루투스 삼각 측정을 통한 위치 찾기' 프로젝트에서 체계적 일정관리를 하지 못하고, 팀원 간 갈등이 생겨 좋은 성과를 얻지 못한 경험이 있습니다. 팀원들이 소속감을 느꼈다면 각자의 역할에 관해 책임 있는 행동을 했을 것입니다. 또한, 팀원 간 배려와 소통이 원활했다면 갈등을 해결할 수 있었을 것입니다.

실패 경험 이후, '여행사 상품과 고객 관리' 프로젝트를 진행하게 되었습니다. 원활한 수행을 위해 팀원들의 모임 자리를 꾸준히 마련해 잦은 만남을 통한 자유로운 소통 분위기를 만들고자 하였고, 프로젝트 해결 방식, 목적에 대한 충분한 공감대를 형성시키고자 노력하였습니다. 덕분에 각 팀원의 책임감을 높일 수 있었고, 갈등 발생 시에도 원활한 대화와 배려를 통해 해결할 수 있었습니다. 두 경험을 바탕으로 팀워크가 무엇이고 왜 중요한지 잘 알게 되었으며, 어떤 프로젝트에서든 좋은 팀워크를 만들고자 노력해왔습니다.

삼성전자 A사업부에서는 다수의 사람과 프로젝트 진행 시 무엇보다도 팀워크가 중요할 것입니다. 저는 팀워크가 무엇인지 잘 알고 있기 때문에, 삼성전자 A사업부에서 어떤 일을 맡더라도 팀원들과 원활히 수행할 자신이 있습니다.

[차근차근 준비해나가겠습니다.]

저의 직무에서 성공하기 위해서는 다양한 업무 경험, 누구에게도 뒤지지 않는 전문 지식, 국제화 시대에 걸맞은 의사소통 능력, 발 빠른 고객요구 파악 능력이 무엇보다 중요하다고 생각합니다.

입사 1~3년에는 주위 사람들과의 대인관계를 넓히며, 삼성전자만의 고유한 기업문화를 익히고, A사업부의 업무를 고루 파악하는 데 주력하겠습니다. 입사 초년기는 아직 경험이 부족하여 중요한 업무를 처리할 수 없지만, 미래를 위해 준비해야 할 가장 중요한 시기입니다. 이 시기에 얕더라도 풍부한 경험을 쌓아야만 전체적인 관점에서 업무 흐름을 볼 수 있고 업무를 원활히 수행할 수 있다고 생각합니다. 그래서 저는 많은 사람을 통해 다양한 경험들을 듣고, 그분들과 원만한 대인관계를 쌓아가도록 노력하겠습니다. 또한 제가 맡은 업무 이외에도 A사업부가 어떤 일을 하는지 전체적으로 파악하는 데 노력하여 전체적 업무 흐름을 배우도록 하겠습니다.

입사 3~7년에는 국제무대에서도 통용될 수 있는 전문성을 함양하도록 노력하겠습니다. 고객의 요구를 파악하고 기존에 없는 새로운 아이디어를 도출하는 것도 중요하지만, 무엇보다도 전문성이 기초가 되어야 한다고 생각합니다. 그러므로 대학원과 전공 도서, 업무와 관련된 다양한 전문 경험들을 통하여 Mobile 분야에 대한 저의 전문성을 키우는 데 주력하고, 이러한 노력을 통해 Mobile 분야의 software engineer가 되겠습니다.

입사 7년 후에는 발 빠르게 변화하는 고객의 요구 파악을 최우선 과제로 삼아 새로이 변화하는 트렌드를 파악하는 데 주력하겠습니다. 이를 바탕으로 고객이 원하는 Mobile 분야의 독창적인 software를 만들어 제공할 수 있도록 하겠습니다. 앞으로도 초심의 마음을 갖고 나날이 발전하는 모습을 보일 수 있도록 부단히 노력하겠습니다.

최종 합격자의
에세이 작성 사례

[망 중립성 반대]

망 중립성 문제에 대한 논란은 1970년대부터 전 세계적으로 시작되었지만 카카오톡, 마이피플 등 콘텐츠 서비스 업체들의 메신저 서비스가 스마트폰 사용자들에게 인기를 끌게 되면서 화두로 오르게 되었습니다. 망 중립성은 '모든 네트워크 사업자는 모든 콘텐츠를 동등하게 취급해야 하고 어떠한 차별을 두지 말아야 한다'라는 개념으로서 비차별적, 상호접속, 접근성의 원칙이 모두에게 동일하게 적용되어야 한다는 내용입니다. 즉, 통신망을 이용하는 콘텐츠는 그것이 음성이든 문자든 멀티미디어 데이터든 어떠한 차별 없이 공정한 대우를 받아야 하며, 통신사업자ISP는 중립적 입장에서 망을 운영해야 한다는 의미입니다.

하지만 망 중립성 입장을 지속적으로 유지하기에는 무리가 있다고 생각합니다. 저는 다음과 같은 이유를 들며 망 중립성에 대해 반대하고자 합니다.

망 중립성을 유지하게 된다면 오히려 콘텐츠 서비스 업체에 악영향을 미칠 것입니다. 그러므로 더 큰 관점에서 문제를 바라볼 필요가 있습니다. 처음 망 중립성이 정착되었을 시기에는 사익이 아닌, 모두가 이용할 수 있다는 공익적 관점에서 이루어졌습니다. 또한 처음부터 공익적 관점에서 약속한 것이기에 그 약속이 지켜야 한다는 점에는 충분히 공감합니다. 오늘날은 과거와 달리 트래픽이 점차 증가하고 있는 상황 때문에, 망 관리를 위해서는 더욱 많은 자금과 기술력이 필요해져 통신사업자의 비용부담도 증가하고 있습니다. 물론 이미 사용자가 월 이용료를 내기 때문에 사용자에게는 콘텐츠를 자유로이 이용할 권리가 있습니다. 하지만 트래픽이 지금보다도 지속적으로 증가하게 된다면 통신사업자는 비용 부담에 한계를 겪게 될 것이고, 문제 해결을 위해 그 부담을 사용자에게 전가하거나 통신의 질을 낮추어 제공할 것입니다. 통신의 질을 유지하기 위해 사용자에게 부담을 일정 부분 전가하게 된다면 데이터양의 제한 때문에 콘텐츠의 이용에 제한을 받게 되어 콘텐츠 사용이 감소할 것이며, 이는 콘텐츠 서비스 업체의 수익 감소로 이어질 것입니다. 또한 통신의 질을 낮추어 통신 서비스를 제공하게 된다면 사용자들은 불편함을 이유로 콘텐츠 이용을 줄일 것이고, 이 때문에 콘텐츠 서비스 업체의 수익 또한 낮아질 것입니다. 두 경우 모두 사용자의 이용률 감소 때문에 유명 콘텐츠 서비스 업체만 살아남고, 저가형 콘텐츠 서비스 업체는 사라지는 현상이 발생하게 될 것입니다. 이는 오히려 시장진입장벽이 높아져 '망 규제로 인해 콘텐츠 산업이 발전할 수 없다'는 우려를 스스로 초래하는 결과로 이어질 것입니다.

그러므로 모두가 윈-윈-윈 할 수 있는 관점이 필요하다고 생각합니다. 모든 콘텐츠 서비스 업체가 아닌, 많은 트래픽을 초래시키는 대형 콘텐츠 서비스 업체가 일정 부분 통신망 비용을 부담한다면, 그것이 바로 사용자와 통신망 사업자, 콘텐츠 서비스 업체들 모두 상생하는 길이라고 생각합니다.

삼성전자 B사업부 합격자(화학공학 전공)의 에세이

에세이 1 아래 세 가지 사항을 포함하여 자유롭게 기술하시기 바랍니다.

  1. 삼성을 선택한 이유
  2. 삼성에서 이루고 싶은 꿈

최종 합격자의
에세이 작성 사례

3. 현재 자신의 위치에 오기 위해 수행해온 노력과 지원한 직무 분야
   에서 성공을 위한 노력(계획)

◆ **효율적으로 사고하는 B사업의 공정 전문가가 되겠습니다** ◆

삼성전자에 입사하여 B사업의 공정을 좀 더 효율적인 방향으로 개선하는 전문가가 되고 싶습니다.

저는 '캠퍼스 특허 전략 유니버시아드' 공모전에 도전해 효율적인 사고를 통해 결실을 맺은 경험이 있습니다. 공모전의 목표는 Olefin의 수율 향상을 위한 차세대 기술개발 전략을 제시하는 것이었습니다. 2,000개 이상의 한글, 영문 특허를 조사하고 주요 특허를 선별하며 관련된 여러 가지 기술을 공부했습니다. 그 결과 완전히 반응하지 않은 이산화탄소는 촉매의 물성을 떨어뜨려 Olefin의 수율을 감소시킴에도 이에 대한 연구는 부족한 것을 알게 되었습니다. 이에 착안하여 반응 후의 이산화탄소를 반응 전으로 recycling시키는 공정을 제시하였습니다. 또한 코발트는 물성이 우수하여 촉매로 많이 사용되고 있지만 값이 비싸다는 단점이 있는데, 코발트 촉매를 금속 나노 촉매 입자에 분산시켜 표면적을 증가시킴으로써 원가를 절감할 수 있는 방법을 제시하였습니다. 이러한 6개월의 땀방울과 노력은 장려상 수상이라는 결실을 맺었습니다.

삼성전자에 입사하여 이러한 효율적인 사고를 토대로 공정을 개선해 나가는 전문가로 거듭나겠습니다!

그러한 전문가가 되기 위해 저는 전자정보소재공학을 통해 B사업과 공정에 관한 지식을 습득하였습니다. 또한 항상 노력하는 자세, 근면 성실한 자세로 살아왔습니다. 대학교 친구들이 저를 보고 공통적으로 하는 말은 '넌 참 대단하다'입니다. 장학금을 목표로 시험 2주 전부터 새

벽 7시에 학교 도서관에 나가 누구보다 먼저 공부를 시작하는 등 열심히 학업에 임했기 때문입니다. 이러한 노력과 성실은 성적 장학금과 글쓰기 수상 장학금 및 3, 4학년 연속 전액 장학금의 결실을 맺었습니다.

이러한 근면 성실한 자세를 삼성전자에서도 이어나가 가장 열심히 임하는 신입사원이 되겠습니다. 항상 겸손한 자세로 업무에 필요한 실무 지식을 익혀나가겠습니다. 실수했던 내용도 그 과정을 항상 기록하여 다시는 같은 실수를 반복하지 않으며 그 기록을 훗날 후배 사원에게 전해 삼성전자를 위한 인재육성에도 기여하고 싶습니다. 이러한 노력을 토대로 선행 공정 개발을 통한 기술적 우위를 점하고 원가를 절감해 메모리 반도체에서의 절대 위상을 이어나가겠습니다.

◆ 주인의식과 열정을 가지고 삼성전자 B사업부 세계 1위에 기여하겠습니다 ◆

제가 삼성전자를 선택한 이유는 믿을 수 있는 회사이기 때문입니다. 삼성전자는 부품에서 제품까지 자체적으로 생산 가능한 시스템과 기술력을 가지고 있습니다. 이것은 타사에 비해 기술력을 빠르게 적용하고 발전시킬 수 있는 꽹장한 강점입니다. 또한 세계 최고임에도 현실에 안주하지 않고 계속적인 발전을 해왔고, 그중에서도 B사업부는 오랫동안 세계 1위를 지키고 있습니다. 이는 B사업부 임직원분들의 열정과 주인의식이 있었기에 이룰 수 있었던 일이라고 생각합니다. 저는 제가 속한 곳이라면 주인의식을 가지고 최선을 다하는 사람입니다. 삼성전자에 입사해서도 저의 주인의식과 열정을 가지고 B사업부의 세계 1위 행진에 기여하겠습니다. 저의 주인의식과 열정의 사례로 대학교 동아리 활동 경험을 예로 들고 싶습니다.

저는 대학 생활을 하는 동안 천체 관측 동아리인 'NSA'에서 집행부로서 동아리의 발전을 위해 솔선수범하였습니다. 특히 가장 기억에 남는 경험은 신입부원 모집을 위해 노력했던 것입니다. 요즈음 동아리에는 신입부원이 많지 않습니다. 저희 동아리도 예외는 아니었고 신입부원이 적으면 다음 해 집행부원 수가 적어 동아리가 제대로 운영될 수 없다는 생각에 고민이 많았던 저는 어떻게 하면 신입생의 수를 늘릴 수 있을지 집행부원들과 많은 회의를 가졌습니다. 우선 예년처럼 홍보 포스터를 붙이기로 했습니다. 저는 아침 일찍 학교에 나가 다양한 포스터를 제작하고 수업이 끝나자마자 동아리 방으로 달려가 그 포스터들을 들고 다니며 학교 여기저기에 붙이곤 하였습니다. 날씨가 더운 날은 큰 학교를 돌아다니느라 땀범벅이 되어 힘이 들기도 하고, 찢어진 포스터가 있을 때는 속이 상하기도 했지만 동아리를 위한 일이라며 스스로를 다독이곤 하였습니다. 포스터 덕분인지 약 열 명의 신입부원을 받을 수 있었지만 그보다 더 모집해야 했습니다. 고민 끝에 동아리 박람회에 참여하여 망원경을 설치해보자는 의견을 냈습니다. 망원경을 설치해놓으면 학생들이 호기심에 다가올 것이고 좀 더 많은 학생에게 우리 동아리를 홍보할 기회가 생길 것이라고 생각했습니다. 제 생각은 적중했습니다. 호기심에 해를 구경하기 위해 많은 학생들이 몰려왔고 이들 중 일부 학생이 가입 원서를 써 약 20명의 새로운 신입부원을 받았습니다.

이렇게 저는 제가 속한 곳을 위한 열정과 주인의식으로 가득 차있는 사람입니다. 이제 삼성전자에 소속되어 B사업부의 1위 행진을 계속하는 데 기여하겠습니다!

에세이 2 아래 사항을 자유롭게 기술하시기 바랍니다.

4. 최근 사회 이슈 중 중요하다고 생각되는 한 가지와 이에 대한 자신
   의 견해

◆ 북한의 계속되는 도발, 하지만 북한이 전면전을 벌일 생각은 없다고 생각합니다. ◆

최근 사회 이슈 중 중요하다고 생각되는 것은 '북한의 도발'입니다. 북한 측에서 전쟁을 일으킬 의지는 매우 적다고 생각됩니다. 전쟁이 일어날 여지는 적지만 북한의 도발로 우리나라가 많은 피해를 입었기 때문에 중요한 사회 이슈라고 생각합니다.

우선적인 직접적 피해는 외국 관광객의 감소입니다. 북한의 도발 위협 후 지난 3월부터 최근까지 서해 5도 운항 여객선 이용 계획을 취소한 관광객은 4,800여 명이었습니다. 북한의 위협에 따른 방문객 감소로 적정 승선율을 밑도는 운항 상태가 지속돼 서해 5도 주민들의 생계를 위한 대책이 요구되는 상황이라고 합니다. 또한 북한 리스크로 미래에 대한 불확실성이 커져 시중에 부동자금이 늘어났습니다. 이러한 부동자금이 투자로 이어지지 못하면 경기회복이 불투명해져 다시 부동자금이 늘어나는 악순환에 빠질 가능성이 커질 것으로 우려됩니다. 북한이 전쟁을 일으킬 의지가 적다고 제가 생각하는 이유는 다음과 같습니다.

첫 번째, 북한의 도발은 김정은으로 정권이 교체된 후 불안정한 체제를 안정화시키기 위한 수단으로 보이기 때문입니다. 앞서 김일성에서 김정일로의 정권 교체 시기에도 북한은 남한에 대해 공격적인 모습으로 돌변하여 1960년대 당시 청와대 습격 사건, 무장공비 침투 사건, 판문점 도끼 만행 사건 등을 저지른 바가 있습니다. 최근에 있었던 북측의 도발 목적도 이와 마찬가지로, 안팎으로 김정은 체제를 안정화시키기

위함이라고 생각합니다.

두 번째, 북한은 항상 여지를 남겨놓았습니다. 그 예로 대화를 거부한 후에도 '대화 여부는 전적으로 남조선당국에 달렸다' '대화에 반대하지는 않지만'이라는 조건을 달고 있습니다. 또한 개성공단의 폐쇄에 대해서는 완전히 개성공단을 닫겠다는 것이 아니라 가동을 '잠정 중단'하겠다고 밝혔습니다. 시일이 지나면 개성공단을 다시 열고 싶다는 여지를 남겨놓은 것입니다. 개성공단에서 일하는 북한 근로자의 수는 5만 3,000여 명에 이릅니다. 북한 주민들은 한 집에 개성공단에서 일하는 사람 한 명만 있어도 온 가족이 먹고 살 수 있다고 말할 정도로 공단 근무를 선망하였습니다. 이러한 북한 근로자 5만 3,000여 명의 생계가 달린 문제이기 때문에 북한은 섣불리 개성공단을 완전 폐쇄할 수는 없을 것입니다. 또한 그동안 개성공단을 통해 북한이 벌어들인 외화의 규모도 크기 때문에 개성공단으로 외화를 벌어들이지 못한다면 북한 측의 손해 또한 막대할 것입니다. 한편, 북한의 개성공단 잠정 중단으로 우리나라의 기업들은 하루 128만 달러의 큰 손실을 입게 되었는데, 북한이 개성공단을 완전 폐쇄할 경우 피해는 최대 6조 원에 이른다는 것을 신문 기사에서 본 기억이 있습니다. 하지만 개성공단 협정 당시 이렇게 북한 측에서 일방적으로 공단 가동을 중지할 경우 입을 피해를 어떻게 보상받을지에 대해서는 미리 규정해놓지 않았다는 것에 안타까운 마음이 듭니다. 다시 개성공단이 가동될 때까지 기업들의 피해 금액을 어떻게 보상해줄지도 생각해봐야 할 문제라고 생각합니다.

이렇듯 전쟁을 일으킬 생각은 없음에도 북한이 계속 공격적으로 나오는 것은 김정은 체제의 안정화와 더불어 한국과 미국을 자신들에게 유리한 대화로 끌어내려는 조치라고 생각합니다. 이러한 본심을 가지고 있지만 최근 대화를 거부한 이유는 우리 정부의 대화 제의에 북한이 원하는 구체적인 내용이 없었기 때문입니다. 거절 후에도 '조건이 충족된다면 대화할 의사가 있다'는 듯 대화의 끈을 놓지 않으려는 흔적이 보이기 때문입니다. 다만 이렇듯 북한이 전면전을 일으킬 여력은 없지만 국지전, 사이버 도발 등이 일어날 가능성은 있기 때문에 항상 긴장의 끈을 놓지 않고 있어야 할 것입니다.

삼성SDS 합격자(소프트웨어 전공)의 에세이

1. 삼성SDS를 선택한 이유

'깨끗한 대한민국을 후손에게 물려주는 일을 삼성SDS와 함께하고 싶습니다.'

삼성SDS에 지원한 몇 가지 이유가 있습니다.

첫 번째, 삼성SDS는 컨버전스 시대를 이끌어 월드 프리미어 ICT 서비스 기업을 지향하기 때문입니다. 저는 앞으로 다가올 컨버전스 시대에 환경과 IT를 융합하여 개발한 프로그램으로 더 깨끗한 환경의 대한민국을 만들고 싶습니다.

두 번째, 삼성SDS는 고객의 요구를 명확히 이해하고 미래를 한발 앞서 내다보는 기업이기 때문입니다. 국내 최고를 넘어서 국제시장을 노리고 있는 삼성SDS에 입사한다면 고객을 미소 짓게 만드는 환경 IT 전문가가 되기 위한 저의 노력에 좀 더 다가갈 수 있다고 생각합니다. 삼성그룹이 자랑하는 오랜 시간을 통해 다듬어진 인재양성 프로그램을 통해 삼성SDS와 함께 저의 꿈을 키워나가며 국가와 기업 경쟁력을 키우는

최종 합격자의
에세이 작성 사례

'환경 IT 전문가'가 되고 싶습니다.

2. 삼성SDS에서 이루고 싶은 꿈

삼성SDS에서 환경과 ICT 분야를 융합하여 환경 컨설팅 프로그램 개발 전문가가 되고 싶습니다. 환경과 ICT기술을 통합하여 우리나라 환경을 깨끗하게 만드는 것이 제 꿈입니다. 현재 Trnsys, Design Builde 등 에너지 사용량을 계산하는 프로그램들의 대부분은 해외에서 개발된 것입니다. 저는 에너지 사용량뿐만 아니라 온실가스 배출량을 계산할 수 있는 프로그램을 만들고 싶습니다. 공장이나 공공기관, 대규모 발전소 등 건물에서 사용하는 에너지의 양과 온실가스 배출량뿐 아니라 개인이 하루에 사용하는 에너지, 온실가스 배출량을 알 수 있는 프로그램을 만들고, 클라우드 서비스를 활용하여 집에서나 밖에서 항상 체크할 수 있는 시스템을 개발하고 싶습니다. 우리나라는 IPCC에서 지정한 온실가스 의무 감축국은 아니지만 자발적으로 온실가스 배출 전망치 대비 30%를 감축하기로 하였습니다. 저탄소 녹색성장과 지속가능 경영 그리고 온실효과와 지구온난화에 관하여 전 세계적으로 위험성을 깨닫는 것으로 볼 때 온실가스 배출 감축은 필수적인 사항이므로 이를 위한 시스템을 개발해보고 싶습니다. 입사 후 10년 후에는 국내 최고의 환경 IT 전문가이자 삼성SDS에 꼭 필요한 인재가 되고 싶습니다.

3. 현재 자신의 위치에 오기 위해 수행해온 노력과 지원한 직무 분야에서 성공을 위한 노력(계획)

'도전정신을 위한 여행'

작년 11월 제대하자마자 3일 만에 혼자 유럽 여행을 떠났습니다. 지인이 없는 곳으로의 나 홀로 여행에 주위에서 깊은 우려와 많은 걱정을 하여 두세 명과 함께 여행을 떠나는 게 어떻겠냐고 권유하였습니다. 그러나 꼭 혼자 해보고 싶었기에 정보 수집에서 비용 마련까지 최대한 제 힘으로 준비하였고, 위기상황에 대한 대비책도 마련했습니다. 생각보다 많지 않은 유럽 축구 관련정보도 어렵게 구하여 제 취미이자 소망이었던 유럽 축구 관람을 직접 해보는 성취감도 느꼈습니다. 여행 중 계획의 차질, 추위, 배고픔 등 힘들고 어려운 순간들이 있었지만 이것도 잘 이겨냈습니다. 50일간의 짧은 기간이었지만 여행은 군생활보다 결코 쉽지 않았고, 힘들고 많은 고생을 헤쳐가면서 '할 수 있구나' '하면 되는구나' '해보자' 라는 자신감과 도전정신을 갖게 되었습니다. 이는 현재의 내가 될 수 있는 소중한 계기가 되었으며 어학의 중요성과 부모님을 위한 효도에 대해서도 다시 한 번 생각하게 해주었습니다.

'환경 컨설팅 전문가'

이번 여름에 교육과학기술부 LINC 사업단에서 시행하는 프로그램으로 ㈜에코센스에서 인턴을 하였습니다. 담당한 업무는 ○○건설의 국내 공사현장에서 얼마만큼의 온실가스가 배출되었는지 계산하는 수식을 만드는 것이었습니다. 현재는 온실가스 배출량 목표관리제가 시행되고 있는데 지금 정책보다 한발 앞서서 공사현장에서 배출되는 온실가스의 양을 계산하는 식을 만든다는 것이 저의 지적호기심을 자극하여 누구보다 열심히 업무에 참여하였습니다. 환경 분야와 IT 분야에 관심이 많았던 저는 인턴활동을 하면서 실제로 환경 컨설팅이 어떤 일인지 배울 수 있었습니다. 그리고 열심히 일하는 모습을 보시고 교수님과 실무자들께서 제게 현장 실습 프로그램의 우수상을 주셨습니다.

삼성SDS는 초일류 글로벌 IT 기업입니다. 저는 IT 전공자가 아니기에 입사를 한다면 신입사원 전체 교육은 물론 직무 분야별로 교육을 받는 기간에서 남들보다 1년을 앞당기겠습니다. 빅데이터, 클라우딩 시스템, 슈퍼 컴퓨팅 등 아직은 기본 개념밖에 모르지만 뛰어난 정보수집 능력과 삼성이 자랑하는 인재양성 프로그램을 통하여 국내 최고의 환경 IT 전문가가 되겠습니다.

4. 최근 사회 이슈 중 중요하다고 생각되는 한 가지와 그에 대한 자신의 견해

'독도는 우리 땅'

요즘 일본의 움직임이 심상치 않습니다. 일본은 독도를 자신들의 영토라고 주장하며 우리나라와 영유권 분쟁을 벌이고 있습니다. 일본이 독도가 일본 영토라고 주장해온 것은 한두 번이 아닙니다. 그러나 지금의 젊은 세대들은 독도 문제에 많은 관심을 가지고 있지 않은 것 같습니다. 얼마 전 올림픽 남자 축구 3위 결정전에서 박종우 선수가 독도 세러모니를 하였고, 동메달 박탈 위기에도 불구하고 '독도 세러모니 후회 안 한다'라고 인터뷰를 하였습니다. 같은 시대를 살아가는 대한민국 젊은이로서 박종우 선수와 같은 애국심이 필요하다고 생각합니다.

세종대 교수 중에 호사카 유지라는, 일본에서 귀화한 한국인이 있습니다. 호사카 유지 교수는 독도가 한국 영토임을 증명하기 위해 역사적 사실들을 밝혀내고 이 사실들을 국내외에 알리려고 독도문제연구소와 http://www.truthofdokdo.com이라는 사이트를 가수 김장훈 씨와 함께 운영하고 있습니다. 정부 관계기관도 좀 더 적극적으로 일본의 주장에 대해 조목조목 반박하는 자료를 우리 국민에게 알리고 세계 여러 나

라를 설득하고 이해시키는 노력을 기울여야 합니다. 더 이상 독도 문제
에 대해서 국민의 정서나 감정적으로만 대응해서는 안 됩니다.

전공과목 성취도와 직무관련 경험

비록 백지화되었지만 2014년 개편 내용 가운데에서는 서류 전형의 항목을 살펴볼 필요가 있다. 거기에 삼성 입사에 관한 두 가지 중요한 단서가 있기 때문이다. 하나는 삼성에 입사하려면 대학 시절에 무엇을 어떻게 준비해야 하는가에 관한 것이고, 다른 하나는 면접전형을 통과하기 위한 열쇠에 대한 것이다.

서류 전형 부활과 관련하여 삼성은 '앞으로도 지속적인 채용제도 개선을 통해 전문역량을 갖추기 위한 꾸준한 준비와 노력, 열정과 경험이 제대로 평가받을 수 있도록 하겠다'라고 발표했다. 삼성은 이를 검증하기 위해 입사지원서의 평가 항목을 다음 세 가지로 구성했다.

- 세부 학업내역
- 전문 역량을 쌓기 위한 준비과정과 성과
- 가치관 평가를 위한 에세이

위의 세 가지 평가 항목과 기존 에세이의 연관성을 살펴보자.

'세부 학업내역'은 기존 입사지원서의 학력사항과 같은 내용이다. 주로 직무역량면접에서 질문하게 되는데, 전공과목 성취도를 확인하는 역할을 한다. '전문역량을 쌓기 위한 준비과정과 성과'는 기존 에세이 ③의 질문과 같은 내용으로, 임원면접과 직무역량면접에서 집중적으로 질문하고 검증하게 되는 가장 중요한 항목이다. 기존의 에세이 ①, ②, ④의 질문과 동일한 내용인 '가치관 평가를 위한 에세이'는 참조 항목인데, 주로 임원면접에서 삼성의 인재상에 적합한가를 확인하는 질문과 연결된다.

백지화된 서류 전형 평가 항목 비교

평가 항목	기존 입사지원서 및 에세이	면접 전형에서의 중요성
세부 학업 내역	• 학력내용 – 주전공, 복수전공, 학점	• 중요도 2순위 – 직무역량면접에서 질문
전문역량을 쌓기 위한 준비과정과 성과	• 에세이 ③ : 현재 자신의 위치에 오기 위해 수행해온 노력과 지원한 직무에서 성공을 위한 노력(계획)	• 중요도 1순위 – 임원면접과 직무역량면접에서 집중 질문
가치관 평가를 위한 에세이	• 에세이 ① : 삼성을 선택한 이유 • 에세이 ② : 삼성에서 이루고 싶은 꿈 • 에세이 ④ : 최근 사회 이슈 중에서 중요하다고 생각되는 한 가지와 그에 대한 자신의 견해	• 중요도 3순위 – 임원면접에서 질문

결론은 전공과목 성취도 + 직무관련 경험

결국 삼성 채용 변화의 핵심은 오랜 기간 축적한 '전공과목 성취도'와 '직무관련 경험'을 평가기준으로 활용하겠다는 것이다. 이공계와 인문계라는 계열 특성을 반영하여 제시하는 큰 원칙을 살펴보면 이공계 학생은 전공과목 성취도를 중점 평가자료로 삼고, 직무관련 경험을 보완 평가자료로 활용한다. 이와 달리 인문계 학생은 직무관련 경험을 중점 평가자료로, 전공과목 성취도를 보완 평가자료로 활용한다.

- **이공계 학생** : 전공과목 성취도(중점 평가자료)+직무관련 경험(보완 평가자료)
- **인문계 학생** : 직무관련 경험(중점 평가자료)+진공과목 성취도(보완 평가자료)

전공과목 성취도는 주전공, 복수전공, 학점 등으로 평가하고, 직무관련 경험은 인턴십, 산학협력, 논문대회 및 경진대회, 멤버십, 동아리 활동, 기타 실무경험 등을 기준으로 평가한다. 직무별 특성에 따라 전문능력이 다르듯 직군별로 중시하는 평가 항목도 다르다는 데 유의하자.

연구개발직군은 전공과목 성취도가 무엇보다 중요하다. 주전공의 경우 세부 이수과목이 지원한 회사와 직무에 적합한가가 판단기준이 되므로, 이런 과목을 좋은 학점으로 이수했다면 긍정적인 평가를 받을 수 있다. 주전공을 열심히 공부했다는 것을 입증하려면 학점이 3.5 수준을 넘어야 그나마 무난하다. 주전공과 함께 활용할 수 있는 복수전공이 있으면 가점을 받을 수 있다. 직무관련 경험과 관련해서는 인턴십 경험자, 산학협력 멤버, 논문대회와 경진대회 수상자 등을 우대한다.

연구개발직군의 경우 전통적인 개발업무가 아닌 다른 분야를 지원하는 것도 추천할 만한 방법이다. 예를 들면 품질전문가, 혁신전문가 등이 그것이다. 대기업에서는 개발에 비해 소외받는 분야로 인식되고 있기 때문에 지원자가 많지 않지만, 그 틈새를 활용하여 이공계 전공자로서 품질공학이나 혁신공학을 이수하여 전문성을 인정받으면 유리하다.

영업마케팅직군은 전공과 상관없이 지원이 가능하기 때문에 직무관련 경험이 가장 중요하다. 특히 인턴십 경험자, 경진대회 수상자, 영업관련 실무경험이 있는 전문 인력을 우대한다. 영업에서는 사람과의 소통이 중요하다는 특성이 있기 때문에 이 직군의 지원자들은 이를 감안하여 평소 대학생활을 얼마나 잘해왔고, 관련 동아리 활동 등으로 어느 정도의 직무 전문성을 갖추어왔는지를 충분히 설명할 수 있어야 한다. 이와 함께 마케팅 과목의 수강 여부도 가점이 된다. 마케팅학을 주전공이나 복수전공으로 이수한 지원자가 유리하다.

경영지원직군은 주로 상경계열 전공자가 대상이기 때문에 전공과목 성취도가 중요하다. 주전공에 대한 이수과목과 학점이 좋으면 유리한 고지를 선점할 수 있다. 동시에 지원업무라는 특성을 고려하면 동아리 활동과 실무 경험이 있을 시 좋은 평가를 받는다는 것도 짐작할 수 있다. 이를 통해 조직 및 조직원들과 협업하는 능력을 증명하면 도움이 된다.

전공과목 성취도보다는 직무관련 경험이 중요한 것이 광고디자인직군이다. 특히 직무관련 경진대회 수상자, 멤버십 경험자, 실무경험이 있는 전문 인력을 우대한다.

전공과목 성취도와 직무관련 경험, 지원 직군별 중요도 분석

(●표는 크게 도움이 된다, ○표는 다소 도움이 된다)

	평가 항목	이공계 학생		인문계 학생		
		연구개발 직군	영업마케팅 직군	영업마케팅 직군	경영지원 직군	광고디자인 직군
전공과목 성취도	주전공	●	●	●	●	●
	복수전공	●	○	●	○	●
	학점	●	○	○	●	○
직무관련 경험	인턴십	●	●	●	●	●
	산학협력	●	○	○	●	○
	논문/ 경진대회	●	●	●	○	●
	멤버십	○	○	○	○	●
	동아리 활동	○	●	●	●	○
	실무경험	○	●	●	●	●

　　전공과목 성취도에 대해서는 비법 3의 '작은 T자형 인재가 되자'를, 직무관련 경험은 비법 4의 '시간 스토리를 만들자'를 참조하면 도움이 될 것이다.

'작은 T자형 인재'가 되자

대다수의 지원자가 여러 가지 취업 스펙을 만들어야 한다고 생각하지만, 최고의 스펙은 전공 공부다. 수강과목과 학점이 적힌 성적표야말로 열심히 공부한 흔적이기 때문이다.

면접위원들은 당신이 대학생활 동안 꾸준히 노력했다는 증거를 찾고 싶어 한다. 삼성에서 오래 근무할 사람, 삼성맨으로 성장할 수 있는 지원자를 찾아야 하기 때문이다.

앞서 언급했듯 삼성이라는 회사는 싸움터이자 배움터다. 조직 생활이 갑갑하다는 이유로, 상사와 트러블이 있다는 이유로, 성과에 대한 압박감이 심하다는 이유로 중간에 퇴사할 가능성이 있는 지원자는 입사 전에 이미 탈락 대상으로 분류된다.

전공 공부를 열심히 했다면 에세이 ①, ②, ③ 작성이 상대적으로 수월하다. 특히 어려운 수강과목에서 학점이 좋다면, 혹은 T자형 인재가 되기 위해 복수전공을 수강했다면 에세이 ③에서 직무능력과 직무동기를 충분히 어필할 수 있다.

전자계열사 임원면접의 경우, 면접위원 네 명 중 두 명이 개발/기술 임원이다. 때문에 "특히 흥미가 많았던 과목은 무엇인가?" "전자공학을 전공으로 선택한 이유가 무엇인가?" "다시 대학에 입학한다면 어떤 공부를 하고 싶은가?" 등 전공과 관련된 질문도 자주 던진다.

직무역량면접에서는 전공에 대해 보다 심화된 질문을 하는데, 때로는 다음과 같이 당신의 직무수행 능력에 대한 의문을 제기하기도 한다.

- 입사 후, 주어진 직무를 수행하는 데 본인이 갖추고 있다고 생각하는 능력이 있으면 무엇이든 얘기해보라.
- 직무를 수행하는 데 본인의 능력이 충분하다고 생각하는가?
- 당신이 하려는 직무에는 회로이론이 중요한데, 이 과목의 학점이 좋지 않다. 특별한 이유가 있는가?

이런 질문들에는 결국 수강과목과 학점을 인용하면서 답변할 수밖에 없다. 이때 자신 있게 전공에 대한 흥미와 열정을 이야기하거나 혹은 T자형 인재가 되기 위한 공부를 어필하면 면접위원으로부터 좋은 평가를 받을 수 있다.

전공과목 성취도에는 '선택과 집중'이 필요하다

전공과목은 지원할 회사 및 직군에 따라 '선택과 집중'이 필요하다.

이공계 학생의 경우를 보자. 앞서 말했듯 연구개발직군 지원자는 무엇보다 주전공이 중요하다. 주전공 과목을 빼놓지 않고 성실히 이수하고 필요에 따라 복수전공을 추가하면 도움이 된다. 영업마케팅직군 지원자는 주전공과 함께 마케팅 관련 과목을 복수전공하면 가점을 준다.

전자공학과 K군의 사례를 보자. 전자공학과의 전공 로드맵은 전자소자 및 회로, 정보통신, 전력 및 제어 등 세 분야로 구성되어 있다. K군은 3학년 1학기 때까지 이들 분야의 다양한 과목을 수강했는데, 그중 회로이론과 반도체소자에 특별한 흥미를 느껴서 3학년 2학기 때부터 전자소자 및 회로분야 중에서도 반도체 관련 과목을 집중적으로 수강

전자공학과 K군의 선택과 집중 사례

전공필수 ▢ 전공선택 ▢

	2학년 1학기	2학년 2학기	3학년 1학기	3학년 2학기	4학년 1학기	4학년 2학기
전공 기초	기초전자전기 (실험1)	기초전자전기 (실험2)	응용전자전기 (실험1)	응용전자전기 (실험2)	고급전자전기 (실험)	
	창의적 공학설계2				전자전기 종합설계1	전자전기 종합설계2
	컴퓨터 프로그래밍 (실습)					
세부 전공	논리회로1	논리회로2	프로세서구조	프로세서설계	마이크로 프로세서	마이크로 프로세서응용
	전자기학1	전자기학2	전력시스템 공학3	전력정보공학	전력전자공학 1	전력전자공학 2
			고주파공학	고주파시스템 설계	광전자공학1	광전자공학2
			전기기기	전기기기 및 제어설계	자동화시스템 프로그래밍	윈도우 프로그래밍
	회로이론1	회로이론2	전자회로1	전자회로2	집적회로	VLSI
		전자전기재료 및 물성	반도체소자	반도체소자 응용	반도체공정 설계	미세소자응용
						반도체소자 제작
						디스플레이 공학
		신호 및 시스템1	신호 및 시스템2	디지털 신호처리공학	DSP응용	
			통신공학	디지털통신	통신시스템 설계	무선이동통신 공학
			자동제어	제어시스템 설계	지능시스템	계측제어응용

했다. 반도체소자응용, 반도체공정설계, 미세소자응용, 반도체소자제작, 디스플레이공학 등이 K군이 수강한 과목이다.

삼성전자 반도체사업부에 지원한 K군은 임원면접과 직무역량면접에서 반도체 관련 과목의 성취도를 조리 있게 어필한 결과 합격의 기쁨을 안았다. 다른 과목에 비해 어려운 분야지만 흥미를 가지고 공부한 노력 덕분에 성과를 얻은 것이다.

다음에는 인문계 학생의 경우를 경영학 전공자 사례로 살펴보자.

먼저 기업 커리어career의 어떤 직무를 지원할 것인지를 결정하고, 그 직무에 맞게 수강과목을 선택해야 한다. 즉, 영업마케팅직군 지원자는 마케팅 분야의 과목을 집중해서 수강하는 것이 유리하고, 경영지원직군 지원자는 더욱 세분화된 과목의 수강이 필요하다. 인사업무 지원자는 인사조직 분야의 과목을, 재무/회계업무 지원자는 재무와 회계 분야의 과목을 수강하는 것이 좋다. 다음 페이지의 경영학과 전공 로드맵을 참고로 장래에 지원하려는 기업 커리어에 맞게 관련 과목을 수강해나가면 도움이 될 것이다.

취업 준비생들은 의외로 학점에 대해서도 관심이 많다. 물론 평균 이상의 학점을 꾸준히 유지하는 것은 중요해서 4.5점 만점에 평균 3.5~3.9점 수준, 즉 100점 만점으로 환산했을 때 80~90점 수준이면 된다. 하지만 학점이 너무 높으면 부담으로 작용할 수도 있다. 가령 학점은 4.0점 이상인데 그 외 별다른 활동내역이 없으면 오히려 지나친 모범생으로 인식될 수 있으니, 이에 해당하는 지원자라면 미리 그런 점에 대한 답변을 준비해야 한다.

특히 중요한 것은 3~4학년 때의 수강과목과 학점이다. 지원 동기와 장래 포부를 어필하는 데 적합하기 때문이다. 1~2학년 시절의 학점이

경영학과 전공 로드맵 사례

전공필수 ▨

지정교양	세부분야	전공기반	전공심화	전공특화	기업 Career
• 기업경영 (필수) • 전공선택 A (7개 중 5개 선택) − 경영학원론 − 경제원론 − 경영정보학개론 − 경영통계학 − 경영수학 및 활용 − 컴퓨터 및 정보통신 − 회계원리	마케팅 분야	마케팅	소비자 행동론	유통 전략론	• 인사 • 재무/회계 • 마케팅 • 생산운영 • 기획 • 광고기획 • 경영컨설턴트 • 증권애널리스트 • 펀드매니저 • 공인회계사 • 세무사 등
			마케팅 조사론	중소기업 경영론	
			광고론	마케팅 전략론	
	인사조직 분야	미시경영 조직론	인적자원 관리론	인적자원 개발론	
			조직 설계론	노사 관계론	
	경영정보 분야	경영정보 시스템	서비스 경영	운영전략	
		운영관리	계량 경영학	경영과학	
	재무분야	재무관리	투자론	선물/ 옵션론	
			경영분석		
			금융기관 경영론	위험관리론	
	회계분야	중급회계1	중급회계2	회계감사	
			원가/관리 회계	고급회계	
			세무회계1		
	전략분야	전략 경영론	국제 경영론	환경 분석론	

전공선택 B

• 미시경제학
• 회귀분석
• 부동산금융론1
• 해외시장조사론
• 국제통상관계론

낮더라도 3~4학년 때 학점이 향상되었다면 이는 면접에서 충분히 만회
할 수 있다.

'작은 T자형 인재'가 되자

최근 취업시장에는 다양한 방면에 대해 공부하라는 조언이 많다. 전공 공부에 대부분을 투자하는 학생도 있지만, 전공에 투자할 시간을 조금 나누어서 교양 공부도 하라는 것이다.

흔히들 'T자형 인재가 되어야 한다'고 이야기하는데, T자형 인재란 자신의 전공 영역에서는 깊이를 갖는 스페셜리스트specialist가 되는 동시에 그 이외의 영역에서도 제너럴리스트generalist가 되어야 한다는 의미다. 이공계 학생은 인문학을 듣고, 인문계 학생은 이공학을 들어야 한다는 식이다.

하지만 나는 생각이 다르다. 위에서 이야기하는 것은 '큰 T자형 인재'의 개념인데, 대학생 시절에는 '작은 T자형 인재'를 추구하는 것이 정답이기 때문이다. 예를 들어 전자공학 전공자는 그 분야에 대해 깊은 지식을 쌓아나가야 하지만, 동시에 복수전공을 선택하더라도 물리학이나 화학공학 등이 좋다. 경영학 전공자는 역시 경영학에 우선 집중하되 철학이나 심리학 등을 복수전공으로 선택하는 식이다(하지만 개론 수준의 과목만 이수해도 충분하니 반드시 복수전공을 하라는 의미는 아니다).

내가 작은 T자형 인재를 주장하는 이유는 이렇다. 전자회사의 개발 부서에서 전자공학 지식만으로 신제품을 개발하기란 어려운 일이다. 물리나 화학 관련 지식이 부가적으로 필요하기 때문이다. 영업부서나 경영지원부서도 마찬가지다. 조직과 조직원을 이해한다는 것은 마케팅이나 경영학 지식만이 아닌, 철학이나 심리학을 통해 인간에 대한 이해가 있어야 가능한 일이다.

그러니 면접에서는 작은 T자형 인재가 되고자 당신이 노력하고 실제로 공부했던 것들을 적극 어필하면 면접위원들에게 좋은 평가를 받을 수 있다. 신입사원에게는 작은 T자형 인재로서의 능력이 필요하기 때문이다.

삼성은 작은 T자형 인재를 기르기 위해 일부러 교육과정을 만들기도 한다. 삼성전기 M사업부의 신입사원 교육이 그 예다. 다른 사업부와 달리 M사업부에 배치받은 모든 신입사원은 1년 동안 '화목학습회'에 참여해야 한다. 매주 화요일과 목요일에 강의가 이루어지기 때문에 화목학습회라 부른다.

화목학습회에서는 물리학, 화학 등 기초 과학을 강의하는데, 강사는 M사업부를 비롯한 사내의 박사들이다. 화목학습회는 작은 T자형 인재를 육성하는 과정이다. M사업은 소재부품을 다루지만 소재공학만이 아닌 물리학, 화학, 전자공학, 기계공학 등의 기술이 종합적으로 필요한 분야다.

큰 T자형 인재는 나중에 공부해서 되어도 늦지 않다. 삼성에 입사한 다음 간부가 되고 임원이 되면서 채워 넣어도 되기 때문이다. 가령 엔지니어로 시작해서 개발부서의 간부가 되면 개발 분야에 대해서는 최고의 전문가가 되어야 한다. 동시에 개발의 앞단계인 영업 분야를 이해해야 하고, 뒷단계인 생산 분야에 대해서도 학습해야 한다. 그래야 제대로 된 신제품, 즉 시장에서 팔리고 생산 공정에서 대량 생산이 가능한 신제품을 개발할 수 있다. 이러한 학습기회는 삼성에서 제공하는 교육 과정을 활용해서 얻을 수 있다.

T자형 인재의 개념(연구개발직군 사례)

• 사원 시절에는 '작은 T자형 인재'를 지향 → 간부가 되면서 '큰 T자형 인재'로 성장

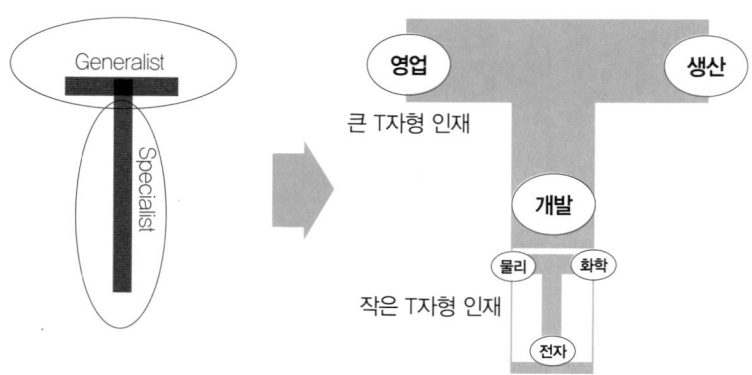

마지막으로 이 'T자형 인재'에 대한 연구개발직군 합격자의 조언을 들어보자.

"저는 전자공학을 전공했습니다. 1학년 때 더 좋은 대학교에 가지 못한 아쉬움이 커서 학교생활에 정을 붙이지 못했고, 친구와 함께 다시금 대학 입시를 준비하는 데 시간을 뺏겨서 학점이 나빴습니다. 두 과목이나 F학점을 받았고요. 하지만 제대 후 복학한 2학년 2학기부터는 전공과목을 열심히 공부했습니다. 특히 3학년 1학기 때 공부한 반도체 과목에 재미를 느꼈습니다. 소위 '필feel'이 제대로 꽂힌 거죠. 그 후 4학년 때까지 반도체 관련 과목을 중점적으로 수강했고, 교양과목 수강도 게을리하지 않았습니다.

그리고 과감히 삼성전자 반도체부문에 도전했습니다. 평균 학점은 3.7이었습니다. 출신대학과 학점은 약점이었지만, 반도체에 대한 전공공부를 강조했습니다. 임원면접과 직무역량면접에서 그 강점을 진정성 있게 어필한 점이 면접위원들에게 좋은 인상을 주었다고 생각합니다."

4장

삼성 면접에
숨겨진
이야기

면접의 시작,
인성검사 대응방법

　　지원자 개인의 인성과 적성을 분석하기 위한 시스템인 인성검사는 직무 수행과 관련이 있는 성격적인 특성과 직무 스타일을 측정하는 것으로, 크게 개인성향·대인성향·업무성향으로 구분된다. 개인성향은 '성격적으로 조직성, 긍정성, 자제력, 활동성이 있는가?', 대인성향은 '대인관계에서 친화력과 통솔력, 배려심이 있는가?', 업무성향은 '업무수행 시 추진력과 결단성, 변화지향성이 있는가?' 등을 검증하는데, 이런 인성검사에 관련된 다음과 같은 소문도 많다.

- 인성검사도 점수에 포함된다.
- 인성검사 결과는 면접과 관련이 없다.
- 열심히 공부했는데도 자꾸 떨어지는 것은 인성검사 때문이다.
- 인성검사 시에는 솔직하게 답하지 말고 의도적으로 체크해야 한다.

　　위의 사항들은 인성검사와 관련되어 시중에 떠도는 루머들인데, 지금부터는 인성검사에 대해 자세히 살펴보며 이 소문들의 진위를 가려보자.

정답은 없다. 그러나 최선의 대응방법은 있다

인성검사에는 정답이 없다. 왜 그럴까? 인성검사는 지원자 개인의 인성과 적성을 분석하는 것, 즉 삼성이 원하는 인재상을 기준으로 했을 때 위 혹은 아래로 튀어나오는 사람, 다시 말해 돌출행동이나 이상사고를 가진 사람을 걸러내는 검사다. 이처럼 정답이 있는 시험이 아니기 때문에 삼성이 추구하는 인재상에 맞추어 답하는 것이 최선의 방법이다.

이런 인성검사에는 두 가지 특징이 있다. 하나는 짧은 시간에 많은 문제를 풀어야 한다는 것이다. 총 300개의 문제를 45분 동안 체크해야 하니, 9초에 한 문제씩 풀어야 하는 셈이다.

다른 하나는 일관성 있게 답변해야 한다는 것이다. 앞뒤로 같은 맥락의 문제가 반복되기 때문에 일관성을 유지하지 않으면 불이익을 당할 수 있다. 일관성 있는 답변을 하는 데는 두 가지 방법이 있다.

첫 번째 방법은 솔직하게 답하는 것이다. 자신이 생각하고 판단하는 그대로 선택하면 문제될 것이 없다. 사전에 모의고사를 보고, 자신의 인성검사 결과를 확인해두면 도움이 된다.

두 번째 방법은 또 하나의 '나'를 만드는 것이다. 즉, 별개의 '나'를 만들어놓고 의도적으로 이미지를 맞추어가는 식이다. 삼성이 원하는 특정 이미지를 머릿속에 그려놓고 거기에 답을 끼워 맞추는 형태로 답변하면 된다.

삼성의 인성검사에 대한 이해가 부족한 입시 전문가는 두 번째 방법을 권하기도 한다. 하지만 리스크가 있다. 혹시라도 실수를 저지른다면 탈락의 위험을 감수해야 하기 때문이다. 때문에 나는 '다른 생각을 하지 말고 솔직하게 답하라'고 권한다. 이는 다음과 같은 어느 응시생의 후회에서도 확인할 수 있다.

"저는 SSAT 시험을 보기 2주 전부터 삼성이 추구하는 인재상으로 살았습니다. 특히 인성검사에 대비하여 '나는 삼성인이다' '나는 삼성이 원하는 인재상이다'라고 스스로 주문을 걸면서 마인드 컨트롤을 했지요.

그런데 막상 시험장에서는 긴장되고 시간도 없다 보니 그런 의도적인 주문이 잘 통하지 않더군요. 일관된 대답이 중요하다고 들었는데 비슷한 질문이 여러 번 나오다 보니 앞에서 했던 답과는 다른 것을 선택한 문제가 많았습니다. 그런 상황이 반복되니 더욱 당황할 수밖에 없었고요. 그런 이유에서인지 결국 최종 면접을 통과하지 못하고 불합격 통보를 받았습니다."

상황판단력에서 정답에 근접하는 방법

앞의 2장에서 설명했듯이 상황판단력은 2013년 하반기에 SSAT 영역에서 폐지되면서 인성검사의 한 영역으로 옮겨갔다. 하지만 이제 SSAT 점수와는 관계가 없어졌음에도 여전히 면접 자료로서 중요한 역할을 하고 있는 것이 사실이다.

상황판단력 영역에서는 실제 회사생활에서 겪을 수 있는 여러 상황을 제시하고, 그중 어떤 선택을 할 것인지를 고르게 한다. 이 영역은 직무상식 영역만큼이나 지원자들 입장에서 가장 궁금하고 어려운 부분이다. 그 이유는 문제가 어려워서가 아니라 삼성 내부적으로 정답을 관리하지만, 외부에서는 정답 확인이 불가능한 영역이기 때문이다.

상황판단력은 어떤 기준으로 채점하는 것일까?

나는 'Most와 Least 기준'으로 판단하는 방법을 제안한다. 회사와 자신의 입장을 모두 고려하여 합리적으로 접근해 가는 답변을 Most(또는 Best)라고 한다면, 극단적으로 회사 혹은 자신 쪽으로 치우치는 답변을 Least(또는 Worst)로 생각하면 된다. 소신 있게 답변하는 것이 중요하지만, 대부분의 문제가 조직과 개인의 입장이 충돌하는 상황이기 때문에 개인적인 감정보다는 조직의 구성원으로서 어떻게 판단하고 결정을 내릴 것인지 고민하는 것이 좋다. 즉, Most(또는 Best)에 근접한 답을 선택하는 것이 중요한 셈이고, 결론적으로 열쇠는 이에 관한 삼성의 관점·시각을 분석해보고, 그에 근접하는 센스를 발휘하는 것에 달려있다.

아래는 Most(또는 Best)와 Least(또는 Worst) 면에서 대치되는 판단들을 비교해놓은 것이다. 균형감각을 가지고 양쪽을 살펴보자.

상황판단력 영역에서의 채점 기준

Most(또는 Best)	Least(또는 Worst)
상사의 입장에서 생각한다.	나 개인의 입장에서 생각한다.
대화와 절차를 통해 해결한다.	상사에게 고자질한다.
합리적인 방안을 모색한다.	극단적인 방안을 모색한다.
최대한 해결되도록 노력한다.	별다른 조치를 하지 않고 방치한다.
지시사항은 반드시 실행한다.	남에게 미루거나 모른 체한다.
구성원과 협의하여 진행한다.	개인의 독단적 판단으로 해결한다.
규정된 보고체계를 지킨다.	최상급자에게 바로 보고한다.

이렇게 표만 보면 무척 쉬울 듯하지만 실은 그렇지 않다. 실제 상황판단력 영역 시험이라고 생각하고 아래 문제에 대해 대답해보자.

〈문제〉

당신은 A사의 신입사원이다. 회사 입문교육을 마치고, 한 달 전에 부서 배치를 받았다. 아직은 부서 분위기에 익숙하지 않다.

어느 날 당신은 부장이 내린 업무를 하고 있는데, 과장이 다른 업무를 지시했다. 그래서 그 일을 하고 있는데, 바로 위의 사수인 대리가 급한 일이라며 또 다른 일을 맡겼다. 이런 경우, 당신은 어떻게 하겠는가?

① 바로 위의 사수인 대리가 시킨 일을 한다.
② 과장에게 다시 물어본다.
③ 가장 직급이 높은 부장이 지시한 일을 한다.
④ 다른 부서에 배치받은 입사 동기에게 물어본다.
⑤ 다른 회사의 선배에게 물어본다.

객관식이 아닌 주관식 문제였다면 누구나 '대리와 과장에게 상황을 설명한 다음, 부장이 지시한 일을 먼저 한다'라고 답할 것이다. 하지만 이 문제는 객관식이고, 주어진 보기 중에는 당신이 생각하는 대답이 없다. 그렇다면 어떤 것이 Most에 근접한 것이고, 어떤 것이 가장 Least에 근접한 답일까?

이 문제는 회사에는 직급체계가 있고 분명하게 서열이란 것이 있으며, 상황에 따라 본인이 판단하여 행동하기보다는 구성원과 함께 협의하여 문제를 해결해야 한다는 관점에서 접근해야 한다. 결론적으로 ⑤번이나 ③번이 Most에 가깝고, ④번이 Least가 될 확률이 높다. ⑤번은 객관적으로 조언해줄 수 있는 선배이고, ③번은 제일 먼저 지시했고 최고 상사라는 시각에서 봤을 때 Most에 가깝기 때문이다. ④번이 Least 인 이유는 입사 동기는 같은 위치에 있는 사람이고 현실적인 조언을 해주기가 어려운 탓이고, ①번은 지시한 선배 중 가장 하위직급이라는 면에서, ②번은 선배에게 질문하려면 과장보다 대리에게 먼저 물어보는 것이 좋다는 관점에서 Most와 거리가 있다.

이런 유형의 문제를 맞추려면 위의 대조표를 기억하고, 극단적인 답은 피하며 문제의 보기에 정답이 없더라도 그것에 근접하는 답을 찾아내는 센스를 키우는 것이 필요하다.

지원자들이 궁금해하는 것이 하나 더 있다. 상황판단력 영역의 문제에 답할 때는 솔직하고 일관성이 있어야 할까?

이는 맞는 말이다. 그렇게 하는 것이 혹시 모를 실수를 최소화시킬 수 있기 때문이다. 정답을 선택할 때는 처음부터 마지막까지 일관성을 유지하고, 삼성이 표방하는 인재상에 부합하는 쪽으로 생각해야 한다. 앞서 강조했듯 삼성은 인간미 있는 독종, 다시 말해 승부근성도 있지만 그와 동시에 협력과 조화를 발휘할 수 있는 사람을 원한다는 것을 기억하라는 의미다.

인성검사 결과는 어떻게 활용될까?

앞서 이야기했듯이 인성검사는 SSAT 점수와는 관계가 없다. 때문에 인성검사를 분리하여 면접일에 응시하도록 한 것이다. 대신 인성검사는 면접, 특히 임원면접과 밀접한 관계가 있다.

면접이 시작되기 전에 면접위원들이 자리에 앉으면 진행자가 참고자료를 준다. 참고자료에는 면접 순서별로 지원자의 이름, 전공, 학교, 취미, 특기, 활동사항 등이 간략하게 기재되어있고 맨 오른쪽에 비고란이 있는데, 여기에 인성검사의 비밀이 숨어있다.

비고란에는 인성검사를 분석한 결과 특이사항이 있는 지원자에 관련된 코멘트가 적혀있다. 면접위원들은 특이사항이 기재된 지원자에 대해서 심층질문을 통해 최종적으로 검증한다. 민감하고 구체적인 질문을 하고, 지원자의 답변에 대해서도 2차, 3차의 심층질문을 던진다.

임원면접에서 활용되는 인성검사 결과

No	성명	전공/학교	취미/특기	학교내외 활동	비 고
1					•인성검사 특이사항 ①
2					
3					•인성검사 특이사항 ②
4					
5					•인성검사 특이사항 ③
:					

특이사항에 해당되는 이들로는 거짓말을 하는 사람, 개인주의 성향이 강한 사람, 부정적인 가치관을 가진 사람 등이 있다.

• 특이사항 ① : 거짓말을 하는 사람
−정직성에 반하는 거짓말을 하는 사람이 대표적이다.
−자신의 약점을 숨기거나 자신을 경쟁자들보다 잘 보이게 하기 위해 거짓말을 하는 성향이다.

• 특이사항 ② : 개인주의 성향이 강한 사람

－조직이나 회사보다 자신의 입장을 먼저 생각하고 행동하는 성향이다.

－공동체의식이 부족하여 소통과 협업에 문제가 있는 사람이다.

－성격이 소극적이고 현실 도피적인 성향이 있어 대인관계에 문제가 있을 것으로 판단되는 사람도 이에 해당된다.

• 특이사항 ③ : 부정적인 가치관을 가진 사람

－평소 긍정적인 생각보다 부정적인 생각이 강한 사람이다.

－자신에 대해, 주변에서 일어나는 일에 대해 부정적으로 여기는 성향이다.

－상황에 따라 조직의 기본이나 원칙을 지키지 않아도 된다고 생각한다.

－반사회성이 강한 사람, 즉 사회적 순응도가 떨어지고 사회적 규범을 경시하는 성향의 사람도 포함된다.

이들은 일반적인 지원자들과 달리 특이한 성격이나 생각을 가지고 있다고 분류된 사람들이다. 그래서 해당 분야에 대한 심층질문을 통해 다시 한 번 검증하는 것이다. 내 경험으로 보면 검사상 오류로 판명되는 경우가 많지만, 일부 지원자는 심층검증에서 탈락하기도 한다.

이러한 특이사항 질문에는 어떻게 대응해야 할까? 감각적으로 대응해야 하지만, 긴장 상태에 있기 때문에 사실 쉬운 일이 아니다. 다음의 점들을 미리 마음에 담고 있으면 조금 도움이 될 것이다.

• 질문을 받으면 '아! 이게 바로 심층 질문이구나!' 하고 알아채는 센스가 필요하다.

－면접위원의 질문 의도를 파악해야 그에 적합한 대응도 가능하기 때문이다.

- **최대한 솔직하게 답변하는 것이 최고의 해결책이다.**

  – 자신의 진정성을 담아서 답변해야 한다.

  – 구체적인 경험이나 사례를 들어서 설명하는 것이 좋다.

  – 반대로 지나치게 적극적으로 자신을 변호하는 의견을 내거나 방어적인
  답변을 할 경우, 면접위원에게는 억지나 변명으로 들릴 수 있다.

만약 당신이 인성검사에서 솔직하게 체크하지 않고 또 하나의 '당신'을 만들어놓은 다음 의도적으로 삼성 이미지에 적합한 답을 체크했다고 가정해보자. 임원들의 심층질문에 답변을 하는 과정에서 작은 실수라도 한다면 어떻게 될 것 같은가? 답변 중에 조금이라도 거짓이 섞여 있다고 인식되는 순간, 당신은 불합격으로 처리된다. 다른 답변을 아무리 잘했다고 하더라도 그 순간 탈락인 것이다.

인성검사의 경우, 나는 다시 한 번 '다른 생각하지 말고 솔직하게 답할 것'을 권한다. 다음은 특이사항 질문에서 탈출(?)하는 데 성공한 응시생의 경험담이다.

"저는 임원면접 시 상사와의 불화에 대해 집중적으로 질문을 받았습니다. 면접위원은 '상사와 의견이 충돌하면 어떻게 대응할 것인가'를 물었는데, 제 대답에 대해서 2차, 3차 추가 질문이 주어지더군요.

저는 상사와의 불화에 대해서 무조건 내 능력을 인정해줘야 한다고 이야기하지 않았습니다. 대신 상사의 의견을 많이 따르는 것이 중요하다고 답하며 '회사와의 조화'를 강조했습니다. 이 질문에 제 자신의 논리로 자신 있게 대답한 점이 합격에 영향을 주었다고 생각합니다."

삼성 면접이
더 어려워졌다

면접은 서류심사와 필기시험을 통과한 지원자가 최종적으로 면접위원을 직접 만나 인성과 지식수준, 성장 가능성 등을 평가받는 자리다.

삼성 면접은 SSAT 합격자를 대상으로 진행한다. SSAT 시험을 통과한 지원자들은 100미터 출발선에 서게 된다. 똑같은 조건에서, 똑같은 방법으로 공정하게 경쟁하는 것이다.

취업 준비생에게는 삼성 면접에 대한 궁금증이 많다. SSAT보다는 덜하지만 시중에는 면접과 관련된 소문도 적지 않다. 다음은 내가 강의했을 때 대학생들에게 질문받은 사항들이다.

- 두 가지 면접의 배점 기준이 다른가요?
- 가장 중요한 것은 임원면접인가요?
- 특정 평가 항목에 걸리면 우선적으로 탈락시키나요?
- 면접 점수에도 과락이 있나요?
- 모르는 질문이 나오면 모른다고 하는 것이 좋은가요?

- 면접 중에 임원들끼리 메신저를 하면서 당락을 결정하나요?

- 나와 코드가 맞는 임원을 만나는 운도 있어야 하나요?

- 삼성만의 면접비법이 따로 있나요?

이 중에는 '그렇다'라고 대답할 수 있는 내용들이 많다. 이제부터 삼성 면접에 숨어있는 이야기를 풀어보자.

삼성은 왜 다대일 면접방식을 고수할까?

면접은 그 형태에 따라 개별면접, 집단면접, 집단토론 등으로 나뉘는데, 개별면접은 다시 '일대일 면접방식'과 '다대일 면접방식'으로 구분된다.

삼성은 임원면접과 직무역량면접을 모두 다대일 면접방식으로 진행한다. 네 명의 면접위원이 지원자 한 명을 대상으로 질문을 하고, 면접위원 각자가 개별적으로 평가하는 것이다. 이런 방식에는 장점과 단점이 있는데, 몇몇 단점이 있음에도 삼성은 장점을 살리기 위해 오래 전부터 다대일 면접방식을 고수하고 있다. 삼성의 입장, 그리고 지원자의 입장에서 장점과 단점을 구체적으로 정리해보자. 특히 삼성 입장에서의 장점, 그리고 지원자 입장에서의 단점을 주의 깊게 살펴볼 필요가 있다.

삼성 입장에서 보면 네 명의 면접위원이 한 명의 지원자에 대해서 다각도로 질문함으로써 많은 정보를 알아낼 수 있고 심층적으로 검증할 수 있다는 장점이 있다. 다수의 면접위원이 동시에 장시간 면접에 임해야 한다는 단점이 있음에도 이 장점을 더 중요시하는 것이다. 이는 회사의 미래를 이끌 우수 인재들을 뽑는 데 필요한 당연한 투자다.

삼성 다대일 면접방식의 장단점

	삼성 입장	지원자 입장
장점	• 면접위원이 네 명이므로 다각도에서 질문하여 지원자에 대한 정보를 많이 알아낼 수 있다. • 지원자 한 명에게 집중적인 질문을 통해 완벽히 검증할 수 있다.	• 자신에게 집중해서 대답할 수 있다. • 잘 대응하면 자신의 존재를 확실하게 심어줄 수 있다.
단점	• 개인별로 면접시간을 충분히 제공하기 어렵다. • 전체 면접시간이 매우 길다. • 동시에 많은 면접위원이 필요하다.	• 정신적 압박과 긴장감이 높다. • 질문 내용이 면접위원에 따라 다양하다. • 동료 지원자가 없으므로 숨돌릴 틈도 없게 느껴진다.

지원자인 당신은 어떻게 다대일 면접에 대응해야 할까? 우선 자신의 단점에 주눅 들지 않아야 한다. 그 단점을 극복하면 당신의 존재감을 면접위원들에게 확실하게 심어줄 수 있기 때문이다. 집단면접에서는 의도적으로 당신을 어필해야 하지만, 다대일 면접에서는 면접위원 모두에게 어필할 시간이 자연스럽게 제공된다. 그 공평한 기회를 당신 것으로 만들면 된다.

다대일 면접방식의 장점을 최대한 활용하기 위한 다음의 몇 가지 팁을 기억해두자.

- 질문을 들을 때, 시선을 면접위원으로부터 딴 곳으로 돌리지 말자.
- 대답할 때 고개를 숙이거나 입속에서 우물거리는 소극적인 태도는 피하자.
- 한 면접위원이 묻더라도 전원을 향해 대답한다는 기분으로 또박또박 설명하자.

- 면접위원과 대등하다는 마음가짐으로 편안한 태도를 유지하자. 그러면 자연스러운 상태에서 충실하게 답변할 수 있고, 면접위원에게 주는 인상도 달라진다.

인재상에서 도출한 면접평가 키워드

먼저 2012년까지 진행되었던 세 가지 면접을 살펴보자. 삼성 지원자들 사이에는 임원면접의 배점이 가장 높다고 알려져 있다. 과연 삼성은 면접에 대한 배점을 어떻게 했을까?

2000년대 전반까지는 임원면접 40점, PT면접 30점, 집단토론 30점으로 구성되었지만 그 뒤에 배점에 변화가 있었다. PT면접이 40점으로 높아진 반면, 집단토론은 20점으로 낮아진 것이다. 집단토론의 경우 지원자들 사이에 변별력이 크지 않다는 이유 때문이었다.

집단토론이 제외된 2013년에는 배점이 어떻게 바뀌었을까? 아마도 이것은 이 책에서 처음 공개되는 정보일 것이다. 2013년에는 임원면접과 직무역량면접에 똑같이 50점이 배점되었다. 다시 말하자면 두 면접의 중요성이 같다는 뜻이다. 이것을 두 가지 모두 면접시간이 최대 30분으로 확대된 이유와 연결시켜 생각해보자.

면접평가의 키워드는 SSAT 시험을 통과한 지원자들이 가장 알고 싶어 함과 동시에 그만큼 베일에 가려져 있는 내용이기도 하다. 면접평가의 키워드는 분명히 있다. 키워드별로 평가 기준은 똑같지만, 각 키워드의 중요성은 다르다.

면접평가의 키워드는 사실 입사 지원자들이 상식적으로 생각하는 것과 크게 다르지 않다. 그리고 대부분의 기업이 거의 유사한 평가항목을 사용하고 있다. 삼성이라고 해서 아주 특이한 내용으로 평가하지 않는다는 의미이다.

앞서 1장의 인재상의 비밀에서 설명한 신입사원 인재상과 리더십 파이프라인 모델을 통해 면접 키워드를 알아보자. 인재상은 삼성의 취업 사이트에 나와 있는 공개된 정보이다. 이 공개된 정보를 바탕으로 평가 키워드를 도출했고, 키워드의 의미를 살펴본 다음 임원면접과 직무역량면접으로 구분했다.

인재상에서 도출한 면접평가 키워드

	신입사원 인재상			리더십 파이프라인 (Level 1 역량)
	열정과 몰입	학습과 창의	소통과 협업	
임원 면접	• 일에 대한 열정 • 조직에 대한 일체감 및 자부심 • 올바른 가치관		• 공간적 소통 • 개방적 협업	• 업무열정 • 자기관리능력
직무역량 면접		• 자기주도적 학습 • 창의적 감성과 상상력		• 업무전문능력 • 창조적 사고력

이 키워드들을 중복되지 않게 정리해보자. 리더십 파이프라인 모델에서 도출한 키워드는 인재상의 키워드와 유사하다. 업무열정은 인재상의 '일에 대한 열정'과 동일한 키워드이고, 자기관리능력은 '올바른 가치관'에 포함되는 내용이며, 창조적 사고력은 '창의적 감성과 상상력'과 같은 의미이다. 그리고 전문성 함양, 문제해결, 의사소통으로 구성되어 있

는 업무전문능력은 두 개의 키워드로 구분했다. 전문성 함양을 업무전문능력으로 보았고, 문제해결과 의사소통을 묶어서 별도로 '논리적 사고력'으로 정의했다.

키워드별로 평가하고자 하는 내용은 다음과 같다. 이 것 역시 인재상에 대한 구체적인 설명 자료에서 도출한 것이다. 임원면접의 평가 키워드는 인성/적성을 검증하는 것이고, 직무역량면접의 평가 키워드는 전문지식과 경험을 검증하는 것이다.

- **■ 임원면접의 평가 키워드**
  - 일에 대한 열정
  - −주인의식, 변화 선도, 책임감과 프로의식, 도전과 성장
  - 조직에 대한 일체감 및 자부심
  - −공동체의식, 의무와 책임, 자부심, 기본과 원칙
  - 올바른 가치관
  - −진실성, 성실성, 긍정적인 태도와 가치관
  - 소통과 협업
  - −열린 생각과 마음, 다양성 수용, 협력과 신뢰, 팀워크

- **■ 직무역량면접의 평가 키워드**
  - 자기주도적 학습
  - −직무에 대한 관심과 흥미, 전문성, 적극적인 직무수행
  - 업무전문능력
  - −전공과목 성취도, 직무관련 경험

- 논리적 사고력
- 문제의 핵심 이해, 논리적 설명, 상대방이 알기 쉬운 표현
- 창의적 감성과 상상력
- 다양하고 독창적인 발상, 실현 가능한 아이디어

면접에서 당락을 결정하는 열쇠는 무엇일까?

합격의 열쇠는 당신이 질문의 의도를 얼마나 정확히 파악하느냐에 달려있다. 면접위원의 질문 의도를 제대로 파악해야 그에 적합한 답변이 가능하기 때문이다.

여덟 개 키워드 가운데 합격과 불합격에 가장 큰 영향을 미치는 것은 무엇일까? 이는 면접위원 각자의 사고방식에 따라 조금씩 다를 수 있지만, 그래도 공통분모를 뽑아낼 수는 있다. 삼성 특유의 기업문화가 있고, 삼성이 가장 중시하는 가치가 있기 때문이다.

나는 삼성에서의 면접 경험을 바탕으로 여덟 개의 키워드 가운데 '합격을 부르는 키워드'와 '탈락을 자초하는 키워드'를 선정했다. 이를 좀 더 자세히 설명해보자.

합격을 부르는 키워드, 탈락을 자초하는 키워드

합격을 부르는 키워드는 면접위원에게 긍정적인 이미지를 주는 키워드로, 일에 대한 열정, 업무전문능력, 조직에 대한 일체감 및 자부심 세 가지가 이에 해당된다.

- **일에 대한 열정**

 −신입사원다운 열정을 가지고 몰입할 수 있는가?

 −책임감과 프로의식으로 무장하여 승부근성을 발휘하는가?

- **업무전문능력**

 −전문지식과 경험을 바탕으로 최고의 전문가로 성장할 수 있는가?

 −직무에 대해 관심과 흥미를 가지고 있는가?

- **조직에 대한 일체감 및 자부심**

 −공동체의 일원으로서 긍정적인 조직관을 가지고 있는가?

 −회사에 대한 긍지와 자부심을 가지고 있는가?

당신이 이 키워드들에 관한 문제에서 정답에 가까운 대답을 하면 면접위원들로부터 좋은 평가를 받을 수 있다. 같은 내용이라도 어떤 시각을 가지고 답변하느냐 역시 중요하다. 당신의 답변 시각에 따라 면접위원의 입장에서는 그것을 장점으로 해석할 수도 있고, 단점으로 해석할 수도 있기 때문이다. 따라서 일에 대한 열정과 관련해서는 자신의 '승부근성'을, 업무전문능력과 관련해서는 '최고의 전문가'로 성장한다는 가능성을, 일체감/자부심에 대해서는 '긍정적인 조직관'을 어필해야 한다.

합격을 부르는 면접 키워드

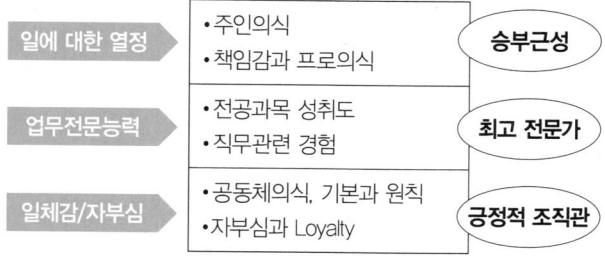

탈락을 자초하는 키워드는 면접위원에게 부정적인 이미지를 주는 키워드다. 따라서 당신이 해당 키워드에 관한 질문에 제대로 대답하지 못하면 당연히 나쁜 평가를 받게 된다. 부정적인 키워드들이 나올 수 있는 부분은 올바른 가치관, 소통과 협업, 조직에 대한 일체감 및 자부심 등 세 부분으로, 이와 관련해 면접위원들은 다음과 같은 항목을 체크하려 한다.

- **올바른 가치관**
  - 언행에서 진실성이 보이는가? 거짓말을 하지는 않는가?
  - 세상을 보는 시각이 부정적이지는 않는가?
- **소통과 협업**
  - 독불장군 스타일로 개인주의 성향이 강한가?
  - 회사 내, 부서 내에서 다른 구성원들과 어울려 함께 일할 수 있는가?
- **조직에 대한 일체감 및 자부심**
  - 공동체의식이 약하고 부정적인 조직관을 가지고 있는가?
  - 회사나 조직에 대한 자부심이 인위적이라고 생각하는가?

이 가운데 조직에 대한 일체감 및 자부심은 합격 키워드를 어필할 수 있는 부분이기도 하지만, 자칫하면 탈락 키워드가 드러날 수 있는 부분이기도 하다. 이에 대해 많이 묻는 것은 그만큼 삼성의 기업문화와 관련된 중요한 항목이기 때문이다. 올바른 가치관, 소통과 협업, 조직에 대한 일체감 및 자부심에 대해서 나올 수 있는 부정적인 키워드들은 다음 페이지에 정리해두었으니 참고하자.

불합격을 자초하는 면접 키워드

올바른 가치관	• 진실성, 성실성 • 긍정적인 태도와 가치관	거짓말
소통과 협업	• 열린 생각과 마음 • 협력과 신뢰, 팀워크	개인주의
일체감/자부심	• 공동체의식, 기본과 원칙 • 자부심과 Loyalty	부정적 조직관

면접 점수에도 과락이 있을까?

면접평가의 등급은 예전이나 지금이나 비슷하다. 대부분의 기업들이 5단계, 혹은 7단계의 평가등급은 적용하고 있다.

5단계 평가등급	7단계 평가등급
• 5 : 아주 탁월한 인재 • 4 : 우수한 인재 • 3 : 보통 • 2 : 부족한 지원자 • 1 : 많이 부족한 지원자	• A+: 반드시 합격시키고 싶다. • A : 합격시키고 싶다. • B : 가능하면 합격시키고 싶다. • C : 판단하기 어렵다. • D : 가능하면 불합격시키고 싶다. • E : 불합격시키고 싶다. • F : 반드시 불합격시키고 싶다.

대학교의 학점체계와 유사한 7단계 평가등급은 C등급(판단하기 어렵다)을 기준으로 상위 3단계와 하위 3단계로 나뉜다. 여기에서 중요한 것은 다수의 면접위원들에게 상위 등급을 받는 것이 좋다는 점이다. 한두 명의 면접위원에게 A+ 등급을, 나머지 면접위원들에게 C 이하의 등

급을 받는 것보다 다수의 면접위원에게 골고루 B 이상의 상위 등급을 받는 것이 유리하다.

내 경험상 면접위원이 C등급 이하로 평가하는 사람들은 대부분 앞에서 설명한 탈락을 자초하는 면접 키워드, 즉 거짓말을 잘하고 개인주의 성향이 강하며 부정적인 조직관을 가졌다고 판단된 이들이다.

면접위원의 평가 절차

면접위원 책상 위에는 면접 시스템이 설치된 노트북 PC가 놓여있다. 면접위원은 시스템 안에 입력되어있는 지원자의 정보를 읽으면서 평가를 한다. 먼저 면접위원은 지원자의 답변을 들으면서 네 개의 평가요소에 따라 평가한 뒤, 면접이 종료되면 종합평가를 한다.

면접위원이 종합평가를 선택하면 메뉴판에 세 개의 평가범위가 자동으로 설정되어 나타난다. 이 세 개 평가범위는 네 개의 평가요소를 평균한 결과치다. 그리고 면접위원이 그 가운데 하나를 선택하여 확인을 누르면 종합평가가 확정된다. 다음 장에서 임원면접 시의 유의점을 알아보자.

003

임원면접의
포인트

　인성면접이라고도 하는 임원면접은 지원자가 삼성의 인재상에 얼마나 적합한가를 평가하는 과정이다. 임원급 면접위원 네 명이 한 조로 구성되어 지원자 한 명씩 개별면접 방식으로 진행한다. 면접위원 네 명이 네 개의 평가 항목을 하나씩 담당해서 질문하는 경우가 일반적이다.

　면접위원들의 구성도 다양하므로 면접위원 구성을 파악해두면 면접 준비에 도움이 된다. 삼성전자와 삼성전기 같은 전자계열사의 경우 개발/기술임원 두 명, 영업/지원임원 한 명, 인사임원 한 명으로 구성된다. 개발/기술임원이 두 명이기 때문에 전공 및 직무에 관련된 질문을 하는 경우도 많다. '임원면접은 인성면접이니 전공에 대한 질문은 하지 않겠지'라고 생각하다가 당황할 수도 있으니 미리 준비하는 것이 좋다. 특히 대학교 3~4학년에 수강한 전공과목과 학점에 대한 내용, 가장 흥미를 가진 과목, 전공과목의 학점이 높거나 낮은 이유 등을 질문한다. 이를 통해서 적극성/열정을 평가하려는 것이다.

　임원면접의 경우 2012년까지 한 명당 면접시간은 15분으로 정해져

있었다. 그런데 앞서 이야기했듯이 2013년에는 그 두 배인 30분으로
늘어나서 이것이 또 다른 변수가 되고 있다. 이 30분은 보통 자기소개
1분, 질문과 답변 25분, 마무리 발언 1분 등으로 배분된다.

임원면접 순서대로 설명하는 포인트

임원면접은 다음 순서로 진행된다. 면접 순서를 따라가면서 구체적으로
포인트를 정리해보자.

임원면접 시의 순서

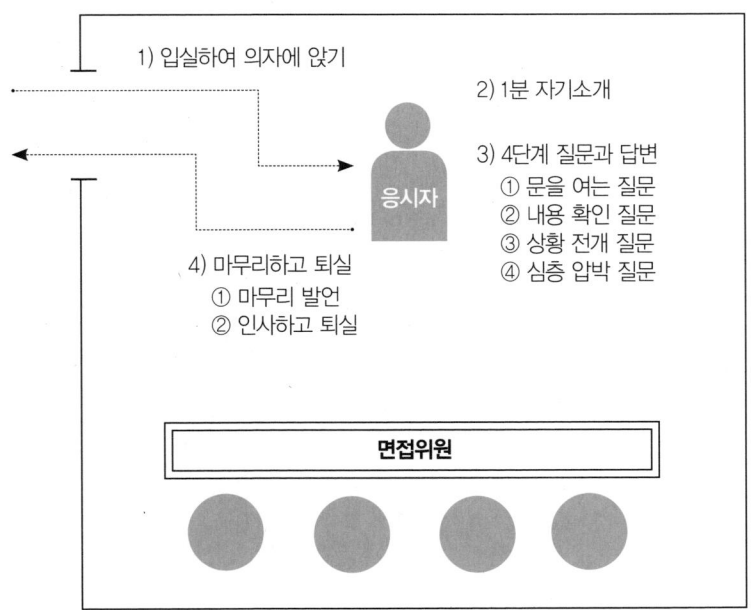

드디어 임원면접이 시작된다. 면접실 문을 여는 순간부터 면접이 시작되는 것이다. 면접실 문을 열고 들어가서 의자에 앉을 때까지의 포인트를 순서대로 설명해보자.

- 문을 열고 들어가면서 밝은 첫인상을 보여주자.
- 경쾌한 걸음으로 의자 앞으로 가자.
- 선 채로 씩씩한 목소리로 인사하자.
- "앉으세요"라는 면접위원의 말을 들은 뒤 의자에 앉자.
- 허리를 세우고, 어깨를 펴고, 자연스러운 자세를 유지하자.
- 심호흡으로 긴장을 풀고, 면접위원의 질문을 기다리자.

1분 자기소개를 하기 전에 면접위원은 아래와 같은 간단한 질문으로 지원자의 긴장을 풀어주기도 한다. 이때의 질문에는 간단히 대답하는 것이 좋다. 여유를 찾고, 자신의 목소리 톤을 점검하자. 면접위원과 튜닝하는 기회라고 생각하면 마음이 차분해질 것이다.

- "○○○씨 맞나요?"
- "많이 긴장되나요?"
- "어디서 출발했나요?" "무얼 타고 왔나요?"
- (면접 전날 출발하여 근처에서 잠을 잔 경우) "어디서 잤나요?"
- "아침은 먹었나요?"
- "넥타이가 잘 어울리는데 누가 골라주었나요?"
- "집을 출발할 때 부모님은 뭐라고 말씀하시던가요?"

- "회사에 와보니 어떤 느낌이 들었나요?"
- "회사 분위기가 어떤 것 같아요?"
- (직무역량면접을 먼저 마친 경우) "직무역량면접은 잘 보셨나요?"

2) 1분 자기소개

1분 자기소개의 목적은 지원자와 면접위원이 서로를 탐색하는 것이다. 미리 준비한 내용을 참조하되, 외운 내용에 너무 얽매이지는 말자. 외운 내용이 잘 생각나지 않으면 자신도 모르게 당황해지기 쉬우니 말이다.

지원자 입장에서 이 시간은 팽팽한 긴장감 속에서도 자신이 어떤 사람이라는 것을 알림으로써 대화의 물꼬를 트는 시간이다. 면접위원은 지원자의 초기 이미지를 파악하고 어떤 질문을 할 것인지 생각한다. 이 시간에 유의할 점은 아래와 같다.

- **에세이 내용을 그대로 반복하지 말자.**
  - 면접위원은 지원자를 보는 동시에 그가 작성한 입사지원서와 에세이를 읽고 있는 경우가 많으므로 에세이에 썼던 내용을 또다시 이야기하면 지루하다는 인상을 준다.
  - 키워드 중심으로 간단하고 재미있게 말하자.
- **에세이에서 썼던 '대표 경험'을 간결하게 강조하자.**
  - 결론을 먼저 말하고, 구체적인 사례를 간결하게 이야기하자.
  - 대표 경험에서 당신이 배운 점, 미흡한 점을 강조하자.
  - 면접위원의 흥미를 일으켜서 질문을 유도하는 것이 최선이다.
- **1분을 다 쓰면 지루하니 45초 정도로 마무리하자.**

1분 자기소개가 끝나면 본격적으로 질문이 시작된다. 이때의 질문들은 보통 네 단계로 이루어지는데, 이런 흐름을 알고 대비하면 면접에서 좋은 결과를 얻을 수 있다.

① 본격 면접의 문을 여는 질문 : 개인품성을 판단

－1분 자기소개에 나온 내용을 질문하는 경우가 많다. 첫인상을 좌우하니 자신감 있고 또렷하게 대답하면 좋다.

－"독서가 취미인 이유는 뭔가요?"

－"○○○을/를 존경하는 이유는 뭔가요?"

② 입사지원서·에세이의 내용을 확인하는 질문 : 적극성/열정을 판단

－경험을 길게 나열하지 말고, 경험을 통해 성장한 점을 강조하자.

－"살아오면서 가장 열정적으로 몰입했던 순간은 언제였고, 그 사건이 어떤 영향을 주었는지 설명해주세요."

③ 상황 전개에 대한 개방형 질문 : 대인관계, 조직관/기업관을 판단

－사실만 나열하면 안 된다. 당신의 생각을 녹여서 의미 있게 전달하는 것이 좋은 답변이다.

－"당신을 포함한 네 명의 멤버로 소통 활성화 행사를 준비하라는 업무가 주어졌다면, 어떤 멤버로 구성할 것이며 그 이유는 뭔가요?"

－"열심히 일했는데 상사가 제대로 평가해주지 않는다고 생각되면 상사와 어떻게 커뮤니케이션해야 할까요?"

④ (그래도 판단이 서지 않으면) 특정 상황으로 압박하는 질문

−특이사항 질문이 주어질 수 있으므로 각별한 주의가 필요하다.

−면접위원이 당신의 답변에서 확신을 얻지 못했거나, 당신이 인성검사 결과 특이사항에 포함된 경우일 가능성이 크다.

−이미 인성검사 대응방법에서 설명한 '인성검사 결과는 어떻게 활용될까?'의 내용을 참조하여 답변하면 좋은 결과를 얻을 수 있다.

4) 마무리하고 퇴실

① 마무리 발언(끝으로 하고 싶은 말)

임원면접 말미에는 응시자에게 다음과 같이 마무리 발언을 할 수 있는 기회를 준다. 당신이 미처 하지 못한 말이 있다면 이때 할 수 있다.

- "끝으로 하고 싶은 말이나 질문이 있으면 하세요."
- "이 말을 하지 않고 면접실을 나가면 정말 후회할 것 같은 말이 있으면 하세요."

이때 "특별히 없습니다"라고 해서 소중한 기회를 놓치지 말고 끝까지 최선을 다한다는 인상을 주는 것이 좋다. 따라서 마무리 발언도 미리 준비해야 한다. 자신만의 경험 등 구체적으로 그 분야에 관심을 가진 이유나, 어떤 노력을 했는지를 설명하면 공감을 사는 경우가 많다. 단, "뽑아만 주시면 무슨 일이든 열심히 하겠습니다"라는 식의 주관 없고 식상한 멘트는 오히려 점수를 깎아먹는다는 데 유의하자.

② 인사하고 퇴실

임원면접이 끝났다. 그냥 인사만 한 뒤 나가지 말고, 아래처럼 짧게 감사를 표하고 퇴실하는 것이 좋다.

- "편안한 분위기를 만들어주셔서 고맙습니다. 덕분에 긴장했지만 잘 마칠 수 있었습니다. 수고하셨습니다."

여기까지가 단계별로 살펴본 요령이라면, 이제 임원면접 전반에서 염두에 두어야 할 사항들을 정리해보자.

임원면접의 질문과 답변에서 중요한 점은 질문의 요지를 정확히 이해한 다음, 결론부터 또렷한 목소리 톤으로 대답하는 것이다.

- **정신을 집중해서 듣고, 질문의 요지를 파악하자.**
  - 요지가 잘 파악되지 않으면 그냥 넘어가지 말고 "죄송하지만 다시 한 번 말씀해주시겠습니까?"라고 정중히 요청하자.
- **결론을 먼저 말하고, 구체적인 사례로 간결하게 설명하자.**
  - 삼성맨은 보고 시 결론부터 이야기하는 습관이 몸에 배어있는 사람들이다.
  - 배경 설명을 한 다음에 결론을 이야기하면, 지루해지거나 상대를 얕보는 느낌을 주게 된다.
- **면접위원이 알아듣기 쉽게 이야기하자.**
  - 면접위원과 대화하듯이, 단문으로 간결하게 이야기하자.
- **말끝을 분명히 한다.**
  - 말끝을 흐리면 주장이 분명치 않거나 논리가 부족하다는 느낌을 준다.
  - 말끝을 분명히 하면, 다음 말을 이을 때도 자신이 생기고 마음도 안정되

는 효과가 있다.

임원면접의 평가 키워드

임원면접에서는 일에 대한 열정, 조직에 대한 일체감과 자부심, 올바른 가치관, 소통과 협업 등 네 개 키워드를 평가한다. 네 개 키워드에 대한 착안점들은 각각 다음과 같다.

- **'일에 대한 열정'의 평가 착안점**
  - −업무에 주인의식을 갖고 조직의 변화를 선도할 수 있는가?
  - −책임감과 프로의식으로 끊임없이 도전하고 성장할 수 있는가?
- **'조직에 대한 일체감 및 자부심'의 평가 착안점**
  - −공동체의식을 바탕으로 자신의 의무와 책임을 다하는가?
  - −자신이 속한 조직에 대한 자부심을 가지고 있는가?
  - −직장 생활의 기본과 원칙을 준수하는가?
- **'올바른 가치관'의 평가 착안점**
  - −언행에 진실성이 있고 성실한가?
  - −세상에 대해 긍정적인 태도와 가치관을 가지고 있는가?
- **'소통과 협업'의 평가 착안점**
  - −열린 생각과 마음으로 다양성을 수용하여 소통하는가?
  - −동료, 이웃, 사회와 협력하여 신뢰를 쌓고 팀워크를 발휘하는가?

임원면접이 가장 중요한 이유

지원자들 입장에서 공통적으로 가장 중요한 면접은 임원면접일 것이다. 하지만 그와 동시에 가장 어렵다고 느껴지는 것 역시 임원면접이다. 왜 그럴까? 앞서 설명한 임원면접의 특성을 이해했다면 그 궁금증은 풀렸을 것이다.

지원자는 우선 임원들 앞에서 이야기한다는 중압감이 크기 때문에 어쩔 수 없이 많이 긴장하게 되는데, 이렇게 되면 사전에 준비했던 질문에 대해서도 당황할 수 있다. 게다가 질문내용도 사전에 예상하기 힘든 것이 임원면접이다. 직무역량면접과 비교해보면 질문 범위가 광범위할 뿐만 아니라 어떤 내용의 질문도 가능하기 때문이다.

앞서 이야기했던 임원면접의 평가 항목, 그리고 내가 선정한 합격/불합격 키워드를 다시 한 번 주의 깊게 살펴보자. 임원면접에서는 지원자의 답변내용에 따라 불합격 처리를 당할 확률이 직무역량면접에 비해 높다.

- 합격을 부르는 면접 키워드 세 개 중 두 개가 임원면접의 평가 항목이다.
- 특히 탈락을 자초하는 면접 키워드 세 개는 모두 임원면접의 평가 항목이다.

'코드가 맞는 임원을 만나는 운도 필요하다'는 것은 맞는 말이다. 그러면 당신은 행운을 잡은 것이다. 면접위원들이 면접 중에 메신저를 하면서 합격과 불합격을 결정한다는 루머도 있지만 이는 틀린 이야기다. 일단 면접이 시작되면, 그렇게 할 수 있는 시간과 마음의 여유가 면접위원들에게는 없기 때문이다.

다음은 면접위원 개발팀 임원이 임원면접에 대해 주는 팁이니 차분히 읽어보자.

"L군을 처음 만났을 때, 저는 직무역량면접의 면접위원으로 참석했습니다. 저는 L군에게 아주 근소한 차이로 다른 지원자보다 낮은 점수를 주었죠. 반드시 내 평가 때문만은 아니겠지만, 당시 L군은 면접에서 떨어졌습니다.

6개월 후, 저는 임원이 되어서 임원면접에 참여했습니다. 그날 세 번째 응시자로 들어온 사람이 바로 L군이더군요. 물론 L군은 나를 알아보지 못했고, 그날도 L군의 면접 능력은 조금 부족했습니다. 임원면접이 마무리될 때 저는 L군에게 '나를 기억하느냐'고 물었고, 이번에도 떨어지면 어떻게 할 것인지를 질문했습니다. 그러자 L군은 정말 씩씩하게 '지난 6개월간 열심히 준비했습니다. 실력은 부족하지만, 삼성에 대한 열정만큼은 누구에게도 뒤지지 않는다고 생각합니다. 이번에 합격하면 좋겠습니다. 혹시 떨어진다면 제 부족함 때문이라 생각하고, 보완해서 합격될 때까지 도전하겠습니다'라고 대답하더군요.

결국 L군은 합격해서 삼성에서 잘 다니고 있습니다. 기본적 실력이 갖추어진 상태에서 조금 모자란 것은 도전과 근성으로 채울 수 있죠. L군은 조금 부족한 지원자였지만, 열심히 하고자 하는 열정이 보여서 기회를 주고 싶었습니다."

직무역량면접의
포인트

　직무역량면접은 PT면접의 목적을 보다 명확히 하여 새롭게 붙인 이름으로, 삼성 내부적으로는 기술면접이라고도 한다. 이 면접에서는 지원자가 전공분야에 대해서 얼마나 이해하고 있고, 전문가로 발전할 수 있는가를 검증하게 된다.

　면접위원 구성은 전공별로 다르다. 이공계의 경우 수석연구원 네 명, 인문계의 경우는 영업/지원부서의 부장급 간부 네 명으로 구성된다. 이들은 지원자를 한 명씩 개별 면접한다.

　직무역량면접은 ①문제 제시 및 과제 해결 → ②과제 해결내용 발표 → ③질의응답 순으로 진행된다. 직무역량면접이 시작되면 전공별로 두세 개의 문제가 제시되는데, 지원자는 제시된 문제 중 하나를 선택하여 20~50분 안에 해결해야 한다. 이 시간 안에 자신이 발표할 내용을 메모하면 된다.

　발표 내용을 메모한 다음 자기 순서가 되면 면접장으로 들어간다. 발표 및 질의응답 시간은 10~30분이다. 앞서 말했듯 예전의 5~10분과 비교하면 두 배가 늘어난 시간이다. 그만큼 발표 후에 질문이 많아지고 심화되었다는 의미다. 석사의 경우는 자신의 전공을 발표하면 된다.

직무역량면접 순서대로 설명하는 포인트

직무역량면접은 다음 순서로 진행된다. 면접 순서를 따라가면서 구체적으로 포인트를 정리해보자.

직무역량면접 시의 순서

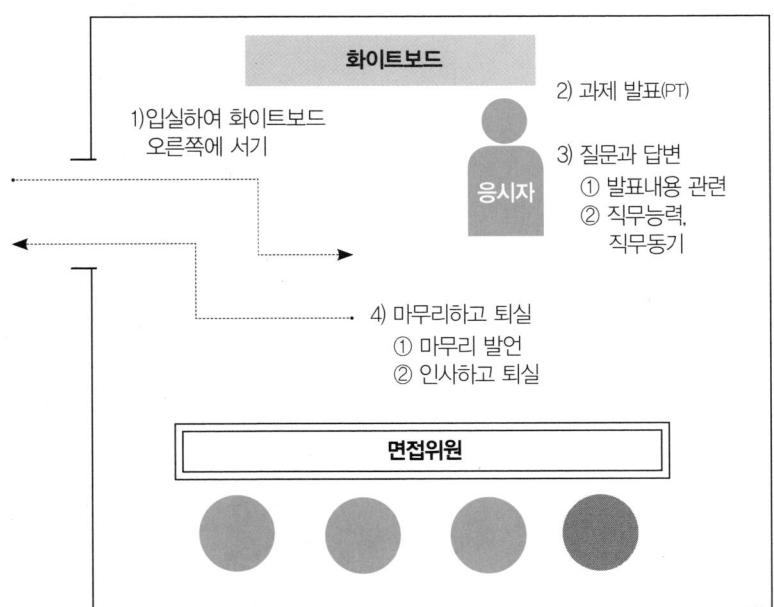

직무역량면접이 시작된다. 면접실 문을 열고 들어가서 발표를 준비할 때까지 순서대로 설명해보자. 임원면접과 유사하지만, 의자에 앉지 않고 선 채로 준비한다는 점에서는 다르다.

- 문을 열고 들어가면서 밝은 첫인상을 보여주자.
- 경쾌한 걸음으로 화이트보드 우측으로 가자.
- 선 채로 씩씩한 목소리로 인사하자.
- 자연스러운 자세를 유지하고, 심호흡으로 긴장을 풀자.
- 면접위원이 "발표하세요"라고 말하면 발표를 시작한다.

글씨를 오른손으로 쓰는 지원자는 화이트보드 우측에 선다. 즉, 화이트보드를 등지고 좌측에 서서 면접위원들에게 얼굴 왼편을 보여주는 것이 좋다. 왜 그럴까? 이는 다음과 같은 이유에서다.

- **화이트보드에 글씨를 쓰거나 그림을 그리기 편하다.**
  - 왼손에 메모지를 들고, 오른손으로 매직펜을 잡아서 글씨를 쓰는 것이 자연스럽고 편하다.
- **몸짓 언어를 구사하기 편하다.**
  - 오른손을 활용하여 적절하게 제스처를 활용하는 것이 좋다.
- **당신의 얼굴을 최대한 많이 보여주는 것이 좋다.**
  - 화이트보드를 활용할 때는 면접위원들에게 당신의 등을 최소로 보여줌으로써 서로 단절되는 느낌을 줄여야 한다.
- **사람의 감정은 대개 우측 얼굴보다 좌측 얼굴에서 풍부하게 나타난다.**

이와 반대로 왼손으로 글씨를 쓰는 지원자는 화이트보드 좌측에 서는 것이 좋다. 오른손에 메모지를 들고, 왼손으로 매직펜을 잡아서 글씨를 쓰는 것이 자연스럽고 편하기 때문이다.

2) 과제 발표(프레젠테이션)

발표 방법에는 두 가지가 있다. 하나는 메모한 내용을 보면서 설명하는 것이고, 다른 하나는 화이트보드에 키워드를 적어가면서 설명하는 것이다. 그중 어느 방법이 유리할까? 발표 내용과 발표 스킬에 자신이 있고 연습을 충분히 했다면 화이트보드를 활용하는 방법이 효과적이다. 이때 유념해야 할 몇 가지 점을 아래에 정리했다.

- **'3대 7의 법칙'이 중요하다.**
  - 메모한 내용을 보는 비율이나 화이트보드를 보는 비율은 30% 이하로 낮춰야 한다. 다시 말해 70% 이상의 시간은 면접위원의 얼굴을 보면서 발표하라는 것이다. 지원자 스스로 면접위원의 얼굴을 보면서 반응을 감지할 수 있어 발표에 자신감이 붙는다.
  - 면접위원 입장에서 메모나 화이트보드를 많이 보는 지원자에게서는 문제에 대한 이해력이 부족하고, 자신감도 없는 사람이라는 느낌을 받는다. 게다가 발표 내용에 관심을 집중하기도 어렵다.
- **발표 시에는 반드시 결론을 먼저 명확히 제시한다.**
  - 결론을 먼저 이야기하지 않고 시작하면 설명이 꼬이거나 시간 조절에 실패할 수도 있다.
- **결론 다음에 이를 뒷받침하는 근거 데이터를 설명한다.**
  - 이때는 명확한 이론이나 근거 자료를 기초로 설명해야 한다.

– 추측성 데이터나 추상적인 주장은 결론의 신빙성을 떨어뜨린다.

3) 질문과 답변
① 발표내용과 관련된 질문과 답변

발표가 끝났다. 중요한 것은 지금부터다. 발표 후 면접위원의 질문과 당신의 답변이 시작되기 때문이다.

면접위원이 당신의 발표 내용에 대해 "저는 지원자의 주장과 반대의 의견을 가졌는데, 어떻게 생각하나요?" 혹은 "저는 지원자가 제시한 이론과 근거 데이터가 미흡하다고 생각합니다. 어떻게 생각하나요?"와 같이 압박 질문을 하는 경우도 있는데, 이럴 때는 다음과 같이 대응하자.

- 일단 면접위원의 의견에 수긍한다.
- 그런 다음 자기 의견을 다시 한 번 논리적으로 설명한다.
- 특히 잘못된 이론의 적용, 근거 데이터의 부족 등과 관련된 지적에 대해서는 변명하지 말고 고맙게 받아들이는 자세가 좋다. "가르쳐주셔서 고맙습니다. 좀 더 공부하겠습니다"라고 감사를 표하는 것도 좋은 방법이다.

② 직무능력, 직무동기와 관련된 질문과 답변

지원자의 전문 지식, 기술, 경험을 평가하기 위해 전공과 관련된 한두 가지 문제를 질문할 수 있다.

- "입사 후, 주어진 직무를 수행하는 데 본인이 갖추고 있다고 생각하는 능력이 있으면 무엇이든 얘기해보세요."
- "직무 수행에 있어 본인의 능력이 충분하다고 생각합니까?"

- "부족한 점을 보완하기 위해 준비하고 있는 것은 무엇인가요?"
- "당신이 하려는 직무에는 회로이론이 중요한데, 학점이 좋지 않네요?"

이에 덧붙여 면접위원들은 직무에 대한 흥미나 관심을 파악하기 위해 다음과 같은 질문도 던진다.

- "해당 직군, 사업 분야를 선택한 이유가 무엇입니까?"

  "이 직종에 대해 알고 있는 것을 말해보세요."
- "특히 흥미가 많았던 과목은 무엇인가요?"
- "전공을 다지기 위해 학과 공부 외에 특별한 활동을 한 적이 있나요?"
- "전공과 연관된 대내외 활동에 대해서 이야기해주세요."
- "해당 직종의 변화를 전망하고, 자신의 비전을 얘기해보세요."
- "다시 대학에 입학한다면, 어떤 공부를 하고 싶은가요?"
- "다시 대학에 입학해서 두 가지의 목표를 설정한다면 무엇을 선택할 것이며, 그 달성방법으로는 무엇이 있을까요?"

4) 마무리하고 퇴실

① 마무리 발언(끝으로 하고 싶은 말)

경우에 따라서는 임원면접과 마찬가지로 직무역량면접 말미에 응시자에게 마무리 발언의 기회를 주기도 한다. 이때는 전공 공부에 대한 열정, 전공 및 지원직무에 대한 흥미와 관심을 전달하면 공감을 얻을 수 있다.

② 인사하고 퇴실

이제 직무역량면접이 끝났다. 임원면접 때와 마찬가지로 인사만 하고 나가지 말고, 짧게 감사를 표하고 퇴실하는 것이 좋다.

직무역량면접의 평가 키워드

직무역량면접에서는 자기주도적 학습, 업무전문능력, 논리적 사고력, 창의적 감성과 상상력 등 네 개 키워드를 평가한다. 네 개 키워드에 대한 착안점들은 다음과 같다.

- **'자기주도적 학습'의 평가 착안점**
  - 직무에 대한 관심, 흥미를 가지고 전문성을 키울 수 있는가?
  - 직무를 적극적으로 수행하려는 태도를 가지고 있는가?
- **'업무전문능력'의 평가 착안점**
  - 전공과목 성취도가 높고, 직무관련 경험을 충분히 쌓았는가?
  - 이를 통해 업무에 필요한 전문지식, 기술, 경험을 갖추고 있는가?
- **'논리적 사고력'의 평가 착안점**
  - 문제의 핵심을 정확히 이해하고 논리적으로 설명하는가?
  - 자신의 주장을 알기 쉽게 상대방에게 표현하는가?
- **'창의적 감성과 상상력'의 평가 착안점**
  - 다양하고 독창적인 발상, 영감, 상상력을 발휘하는가?
  - 실현 가능성이 있는 아이디어를 제안하는가?

사전에 출제위원들이 문제를 출제하여 문제은행에 저장한다. 문제를 출제하는 분야는 회사별로 다르다. 전자부품업체인 삼성전기의 경우 전기/전자 전공, 화학/화공/재료 전공, 기계 전공, 경영/경제 전공, 인문사회 전공 등 다섯 분야로 구분하여 전공 관련 문제를 출제한다.

최근에는 회사의 실제 사례를 출제하는 비율이 높다. 케이스 중심의 주제라는 의미다. 그러므로 지원한 회사의 홈페이지에 들어가서 주요 제품, 핵심 공정과 기술, 최근 이슈 등에 대해 공부한 뒤, 그 내용을 자신의 전공과 연결해서 준비하는 것이 좋다.

- **연구개발직군과 기술직군 지원자**
  - 전공별 기본이론
  - 제품의 생산공정과 핵심기술
  - 이를 자신의 전공과 연결시켜서 답변하는 연습을 하는 것이 좋다.
- **영업마케팅직군 지원자**
  - 마케팅 이론 : 3C, 4P, STP 전략, SWOT 분석 등
  - 대차대조표, 손익계산서를 읽을 수 있는 기초 회계지식
  - 최근의 경제동향을 파악
  - 특히 경제 이슈가 삼성에 미치는 영향에 대한 분석과 대응방안
  - 삼성 제품에 대한 마케팅 전략
- **경영지원직군 지원자**
  - 경영학/경제학의 기본이론
  - 대차대조표, 손익계산서를 읽을 수 있는 기초 회계지식

다음은 삼성전자 DS부문에 합격한 응시생이 자신의 직무역량면접 경험에 대해 이야기한 내용이다. 어떤 문제가 출제되는가도 중요하지만 어떤 자세로 직무역량면접에 대응해야 하는지에 대한 팁도 들어 있으니 주의 깊게 읽어보자.

"저는 인천에 소재한 대학의 신소재공학부 졸업생입니다. 직무역량면접에서는 어떤 문제가 출제되는가가 관건입니다. 제가 지원한 삼성전자 DS부문은 얼마 전에 반도체와 LCD가 통합되었죠. 때문에 어느 분야에서 문제가 출제될지 몰라 많이 힘들었습니다. 문제를 받았을 때는 머리가 텅 빈 것 같았으니까요.

보통은 전공별로 세 문제가 제시되는데, 저는 그중 한 문제는 반드시 LCD 분야에서 나올 것이라 생각하고 그 준비에 올인했습니다. 그런데 문제를 받아보니 세 문제 모두가 반도체 분야와 관련된 것이더군요. 문제 수준도 어려웠고, 실제로 현장에서 발생하는 과제를 가지고 온 것 같았습니다. 세 문제 중 제가 선택한 것은 '반도체 패터닝patterning 공정 미세화에 따른 이온 임플란테이션에서의 소재 강화방법을 연구하여 발표할 것'이었습니다.

실은 반도체 분야를 열심히 공부하지 않은 탓에 제대로 과제를 해결하기 힘들었습니다. 하지만 그렇다고 포기할 수는 없었기에, 저 나름대로 신소재공학의 이론을 활용해서 메모지에 정리하고 논리를 갖추어 자신 있게 발표했습니다. 저는 건식식각법과 LTPS로 소재를 바꾸는 방법을 주장했는데, 나중에 확인해보니 완전히 틀린 답이더군요.

하지만 직무역량면접에서는 틀린 답이라도 자신이 생각하는 이유를 논리적으로 제시하는 것이 중요한 것 같습니다. 저는 떨어져도 어쩔 수 없다고 포기했는데, 운 좋게 합격 메일을 받았습니다."

모르는 문제가 출제되면 어떻게 해야 할까?

잘 모르는 주제들로만 출제 문제가 구성되어 있다면 무척이나 당황스러울 것이다. 그러나 포기해서는 안 된다. 앞서의 경험 사례와 같이 먼저 제시된 문제와 비슷한 문제를 스스로 만들고, 해결 내용을 꼼꼼히 메모하여 준비하자.

면접이 시작되면 솔직하게 이야기하는 것이 좋다. 제시된 과제는 잘 모르지만, 유사한 과제를 별도로 준비했으니 발표해도 되는지 정중히 부탁해보는 것이다. 경험으로 보건대 발표하지 말라고 거절하는 면접위원은 없으니, 절대로 포기하지 말고 일단 부딪혀보자. 이런 태도의 중요성은 아래와 같은 직무역량면접위원의 경험담에서도 알 수 있다.

"직무역량면접을 하다 보면 주어지는 서너 과제 모두를 모르는 지원자가 간혹 있습니다. 이럴 경우, 반드시 주어진 과제는 아니더라도 자신이 잘 알고 있는 관련분야나 현재 트렌드에 대해서 이야기하면 됩니다.

그런데 아무 말도 못하고 면접장을 나가는 지원자도 있습니다. 물론 가장 좋은 것은 주어진 주제 안에서 선택하는 것이지만, 아무 말도 하지 않으면 면접위원들 입장에서는 질문조차 할 수 없고 따라서 아무 점수도 줄 수가 없지요."

삼성 임원이 제시하는
면접 가이드

삼성 입사 지원자의 상당수가 면접에서 무리수를 두었지만, 인사 담당자의 반응은 냉담한 것으로 나타났다(한국경제신문 2013. 7. 22). 지원자 중 무려 71%가 '무리한 행동을 한 적이 있다'고 답했는데(복수응답), 이들이 말한 무리수의 내용은 다음과 같다.

- 자존심도 없이 지나치게 겸손하게 대답했다(56%).
- 아는 내용은 무조건 다 말하다 보니 답변이 장황해졌다(27%).
- 잘 모르면서도 아는 척 끼워 맞춰 대답했다(20%).
- 눈치를 보며 시종일관 웃기만 했다(17%).
- 과하다 싶을 정도로 장점을 어필했다(16%).
- 시키는 것은 무엇이든 하겠다고 매달렸다(12%).

이런 무리수는 탈락으로 이어지는 경우가 많은 것으로 나타났다. 인사 담당자의 89%는 면접 중 무리한 행동을 하는 지원자를 보았고,

86%의 인사 담당자는 이 때문에 지원자를 탈락시켰다고 답했다. 특히 인사 담당자들은 다음과 같은 지원자들을 '꼴불견'의 예로 꼽았다.

- 생각 없이 무조건 열심히 하겠다는 태도(32%)
- 억지로 끼워 맞춘 대답(30%)
- 장황한 답변(25%)
- 실현 불가능해 보이는 약속(24%)
- 지나친 자기자랑(20%)
- 튀는 복장과 메이크업(17%)
- 강한 자기주장(16%)

　그러면 삼성에서 채용을 총괄하는 인사임원들은 어떤 생각을 가지고 있을까? 오랫동안 채용현장을 지켜보고 면접위원으로 참여한 그들은 어떤 기준으로 지원자를 평가하는지 살펴보자. 여기에서 최종 합격으로 가는 열쇠를 얻을 수 있다.

삼성 인사임원이 제시하는 입사 비결

O 부사장(삼성전자 인사팀장)이 삼성 입사 비결로 제일 먼저 꼽은 것은 '주인의식'이다. 주인의식을 가지면 남들에게는 보이지 못한 문제가 보이기 때문이다. 작은 생각의 출발 하나가 중요하고, 그것이 하루하루 쌓이면 토익점수나 학점보다 더 큰 차이를 만들어준다. 자신이 하는 일에 재미를 느끼고 직접 능동적으로 개선점을 찾아나가는 것이 중요하다.

두 번째로 꼽은 것은 '종이신문 읽기'다. 앞서 이야기했듯이 종이신문을 읽으면 균형감각을 기르는데 매우 좋다. 인터넷을 통해 기사를 접하면 남들이 많이 본 인기뉴스 위주로 보게 되므로 결국 봐야 할 것을 보는 게 아니라, 보고 싶은 것만 골라 읽게 된다. 그러다 보면 쏠림현상이 나타나 균형 감각이나 판단력을 상실하기 때문에 종이신문 읽기를 권장하는 것이다.

더불어 그는 면접장에서 가장 눈여겨보는 것으로 진실성, 진짜 실력, 승부근성 등을 이야기하며 다음과 같이 조언했다.

- 옷매무새를 제대로 갖췄는지, 남의 이야기를 잘 존중하는지를 본다.
- 꾸며서 말하기보다 솔직하게 답변하는 것이 중요하다.
- 긍정적인 사고, 자신의 인생을 스스로 개척하겠다는 의지와 마음이 중요하다.
- 스펙이 아니라 실력을 본다. 삼성은 평가 기준을 '학력, 직급, 나이'에서 철저한 '능력' 위주로 바꾸고 있다. 따라서 학교나 학점은 보지 않고, 명문대가 아니어도 능력만 있으면 된다. 가장 중요한 것은 스펙으로 표시되지 않는 자기만의 실력이다.
- 입사한 신입사원들에게 아쉬운 점은 승부근성이 부족하다는 것이다. 쉽게 말하면 인내, 참을성 같은 것인데 이 요소들이 요즘 젊은이들에게는 부족하다. 스마트폰, TV와 같은 세계 1등 제품은 머리 좋은 천재들이 만들어낸 것이 아니라 모두 현장에서 치열하게 고민한 결과물이다. 우리는 면접과정에서 이런 사람을 찾아내기 위해 노력하고 있다.

삼성SDS 인사팀장인 H전무는 '스펙의 프레임에서 벗어나 자신만의 스토리를 만들어가는 사람이 돼라'라고 조언한다. 스펙을 쫓아가는 것은 누군가 만들어놓은 길을 그냥 가는 것이지만, 스토리를 만들어가다 보면 그 길이 다양해질 뿐만 아니라 다른 이에게는 없는 자신만의 새로운 강점을 찾을 수 있다. 힘들고 어려웠던 시점을 출발점으로 삼아 자신만의 진짜 스토리를 만들어보자.

더불어 그는 면접장에서 나올 수 있는 나쁜 답변의 유형으로 단순 암기형, 팩트 나열형, 당황형 등 세 가지를 꼽는다.

- **단순 암기형 답변**
  - 질문하자마자 바로 총알처럼 답변하는 건 좋지 않을 뿐 아니라 큰 감점 요인도 될 수 있다. 마치 레코드 테이프가 돌아가는 듯한 이런 답변은 사전 모의면접에서 연습했던 것을 그대로 반복하는 암기형이란 인식을 심어주기 때문이다.
- **팩트 나열형 답변**
  - 진실성 없이 팩트만 쭉 나열하는 장황한 설명은 좋지 않다. 면접위원은 지원자 각자가 자신만의 다양한 경험에 기초해서 내놓는 진실성 있는 대답을 원한다. 각종 취업 사이트의 내용을 짜깁기하거나 차용하여 준비한 답변으로는 면접위원의 마음을 살 수 없다.
- **자신감이 없는 당황형 답변**
  - 모르는 질문이 나왔을 때 당황하는 모습을 보이는 것도 좋지 않다. 준비된 질문에는 답변을 잘했는데, 생각하지 않은 질문이 나오니 목소리가 줄어들고 식은땀이 나는 모습을 보이면 앞에서 잘했던 것도 감점이 될 수 있다. 그러니 미처 준비하지 못한 질문이 나와도 반드시 아는 것에는 아는 대로, 모르는 것에는 모르는 대로 자신감 있게 답변하는 게 중요하

다. 때로는 모르는 걸 모른다고 해야 더 좋은 평가를 받을 수 있기 때문이다.

'모르는 것'과 '잘못 이해한 것'의 차이에 대해 면접위원인 개발팀 간부가 해주는 조언을 들어보자.

"간혹 면접위원이 질문했을 때, 잘 모르는 것 같은데 아는 것처럼 설명하다가 막히는 지원자가 있어요. 처음에는 당황해서 대답을 해버렸는데 그에 관련된 심층질문이 계속되다 보면 결국 잘 모르는 티가 날 수밖에 없고, 이는 감점 요인이 될 수 있습니다.

또 면접위원이 질문했을 때, 잘 못 알아듣는 경우도 있습니다. 그런 경우에는 질문의 요점이 무엇이었는지 다시 확인하면 되는데, 그냥 대답을 해버리는 지원자가 있지요. 모르는 것과 잘 못 알아들은 것 사이에는 분명 차이가 있습니다. 다시 정확히 물어본 뒤에 대답하면 기회를 잡을 수 있지만, 엉뚱한 답변은 위기를 초래하게 됩니다. 면접위원으로서는 엉뚱한 대답을 들으면 좋은 평가를 주기 어려우니 하나의 질문이라도 제대로 이해하고 정확한 대답을 하는 것이 중요하다 하겠습니다."

성공 면접을 만드는 답변 노하우

다음은 '성공 면접을 위한 7계명'이니 차분히 살펴보자. 일곱 가지 중 가장 중요한 것은 제일 마지막에 있는 '중요한 것부터 3분 이내로 답변하라'는 것이다. 결론을 먼저 이야기하되, 간결하게 말하는 것이 좋기 때문이다.

- 원하는 분야를 명확히 하고 열정적인 모습을 보여라.
- 회사에서 어떤 역할을 할 수 있을지 논리적으로 설득하라.
- 지원한 회사에 대해 숙지하라.
- 자신감을 갖고 최후의 순간까지 최선을 다하라.
- 질문 요지를 파악한 후 대답하라.
- 말끝을 흐리지 말고 분명하게 답하라.
- 답변은 중요한 것부터 3분 이내로 하라.

이제 구체적인 사례를 통해 위의 7계명에 충실한 답변과 그렇지 않은 답변의 예가 무엇인지 알아보자. 참고로 두 지원자 모두 취미란에는 '독서'라고 기입했다.

- **정똘똘 지원자 사례**

　면접위원 : 취미가 무엇인가요?

　지 원 자 : 독서입니다. 저는 평소에 책 읽기를 좋아합니다. 제가 독서를 즐기는 이유는 다양한 분야에 대한 지식을 채울 수 있고 간접 경험을 할 수 있기 때문입니다. 그래서 한 달에 두 권 이상은 읽으려고 노력합니다.

　면접위원 : 최근에 감명 깊게 읽은 책이 있나요? (1차 심화질문)

　지 원 자 : 최근에 감명 깊게 읽은 책은 김난도 교수의 『아프니까 청춘이다』입니다. 그 책은 진로에 대해 고민하는 대학생들의 모습을(중략). 저는 이 책을 읽고 종이배파보다는 화살파가 제 스타일이라고 생각했습니다. 강한 화살이 과녁의 중앙을 맞출 수 있듯이 저도 세계 최고의 휴대폰 전문가로 성장하고 싶습니다. 그래서

세계 일류를 지향하는 삼성 휴대폰에 지원했습니다.

- **김답답 지원자 사례**

  면접위원 : 취미가 무엇인가요?

  지 원 자 : 독서입니다. 평소 책 읽기를 좋아합니다.

  면접위원 : 책 읽기를 좋아하는 이유가 무엇인가요? (1차 심화질문)

  지 원 자 : 다양한 분야에 대한 지식을 채우고 간접경험을 할 수 있기 때문
  입니다.

  면접위원 : 한 달에 몇 권 정도의 책을 읽으시나요? (2차 심화질문)

  지 원 자 : 2권 이상은 읽으려고 노력합니다.

  면접위원 : 최근에 감명 깊게 읽은 책이 있나요? (3차 심화질문)

  지 원 자 : 김난도 교수의 『아프니까 청춘이다』를 감명 깊게 읽었습니다.

  면접위원 : 저도 그 책을 읽었는데 주요 내용을 설명해주세요.(4차 심화질문)

  지 원 자 : 그 책은 진로에 대해 고민하는 대학생들의 모습을……. (이하
  생략)

당신이 면접위원이라면 어느 지원자에게 더 좋은 평가를 주겠는가?
누가 면접위원이라도 후자보다는 전자의 지원자를 좋게 평가할 것이다.
정똘똘 지원자의 답변이 좋은 이유를 분석해보자.

- **심화질문까지 고려해서 면접위원의 궁금증을 한 번에 해결했다.**
  - 질문에 대해 단답형으로 이야기하지 않고 이유와 사례까지 구체적으로
    설명하여 면접위원의 궁금증을 단번에 해결해주었다. 면접위원이 심화
    질문을 할 수 있는 여지를 없앤 것이다.
- **결론 먼저, 그리고 3분 이내에 답변을 마무리했다.**

– 독서라는 결론을 먼저 이야기한 다음 그 이유를 간결하게 설명했다. 여기서 중요한 점은 한 가지 답변에 3분을 초과해서는 안 된다는 사실이다. 구체적인 사례라고 해서 3분 이상 장황하게 설명하는 것은 좋지 않다. 답변을 듣는 면접위원 입장에서 3분은 굉장히 긴 시간이기 때문이다.

• **대표 경험부터 자신이 체득한 점까지 구체적으로 전달했다.**
– '대표 경험'에서 체득한 내용을 지원동기와 장래 포부까지 연결시켜 마무리했다. 『아프니까 청춘이다』라는 책을 통해 자신이 배운 점을 이야기하고, 이를 지원동기로 연결시켜 면접위원들에게 자신의 꿈과 도전의지를 전달한 것이다.

당신의 첫인상을 결정하는 요인은 무엇일까?

면접에서 첫인상은 매우 중요하다. 미팅이나 맞선을 생각해보자. 첫인상이 어떠냐에 따라 그 사람을 다시 만날 것인지 아닌지 판단하게 되며, 이후 만남에서도 그때의 평가가 중요하게 작용하곤 한다. 취업 준비생들이 면접을 위해 성형을 하고, 화장술을 익히고, 옷 입는 스타일을 배우는 것도 첫인상이 면접의 당락을 결정짓는 경우가 많기 때문이다. 실제로 인사 담당자의 86%가 좋은 인상의 지원자에게는 가산점을, 73%가 좋지 않은 인상의 지원자에게는 감점을 줄 수 있다고 답했다(2009년 MBC스페셜 '첫인상' 편).

면접위원이 지원자에 대해 갖는 첫인상은 무엇으로 결정될까? 말을 잘해야 좋은 인상을 준다고 생각하는 사람이 많은데, 실제 조사 결과는 다르다. 사람이 상대방의 첫인상을 결정하는(메시지를 받아들이는) 수

삼성 임원이 제시
하는 면접 가이드

단과 관련하여 미국의 심리학자인 알버트 메라언Albert Meharabian 박사가 주장한 이론이 널리 알려져있다.

- 당신의 말word에 의해서 결정되는 것은 7%에 불과하다.
- 38%는 당신의 목소리 톤tone of voice에 의해 결정된다.
- 당신의 몸짓body language에 의해 결정되는 것은 55%를 차지한다.

말의 영향력은 7%에 불과하다. 다시 말해 무려 93%가 목소리 톤(목소리의 크기와 억양), 몸짓과 같은 비언어적 요소에 의해 결정된다. 이는 곧 당신이 면접을 준비할 때 경직된 자세를 유지한 채 평범한 목소리로 연습해서는 안 된다는 것을 의미한다.

목소리 톤은 평소보다 높여서 씩씩하게 말하고, 강조하거나 승부를 걸 내용은 더 크게 말하는 것이 좋다. 손동작을 활용하여 적절한 제스처를 연습하는 것도 필요하다. 손동작은 임원면접에서도 필요하지만 선 채로 발표하는 직무역량면접에서 더욱 중요하니, 발표내용과 함께 적절한 손동작을 연습하자.

다음은 첫인상의 편견을 극복하는 방법에 대한 영업팀 간부 면접위원의 조언이다.

"면접을 보다 보면 저도 사람인지라 '이 사람에게는 호감이 간다'라는 느낌을 가질 수밖에 없어요. 하지만 면접위원들은 첫인상, 외모, 말투 등에서 느껴지는 감정적인 요소들로 지원자들을 판단하지 않도록 교육을 받습니다.

면접에 들어오면 '말을 잘해야 한다'는 부담감을 가지고 있는 지원자가 많은데, 첫인상이나 달변에 대한 부담을 가질 필요는 전혀 없습니다.

첫인상에 대한 편견을 뒤집는 것은 진실된 태도와 진솔한 이야기이기 때문입니다. 자신의 경험을 솔직히 이야기하고, 자신이 가진 전공지식의 깊이를 이야기하면 설사 말이 어눌해도 입사 후에 잘해낼 수 있는 사람이라는 것이 느껴집니다."

또 다른 면접위원이었던 인사 임원의 말을 들어보자.

"저는 임원면접에서 P군을 만났습니다. 삼성에 다시 도전한 것이라고 하기에 몇 번째 도전이냐고 물었더니 세 번째라고 하더군요(삼성의 경우 한 계열사에 다섯 번까지 지원이 가능한 것은 사실이지만, 면접 탈락 후 재지원 하면 페널티가 있다는 소문은 사실이 아니다). 그래서 저는 '세 번째 도전이라면 이전과 비교해서 달라진 점은 무엇이냐'고 질문했습니다.

P군은 처음에는 SSAT 도전에서 고배를 마셨고, SSAT를 준비해서 두 번째 도전했을 때는 시험은 통과했지만 면접에서 탈락했다더군요. '면접에서 실수한 것이 없는 것 같은데 왜 떨어졌을까?'라고 고민하던 P군은 자신의 몸무게에 생각이 미쳤다고 했습니다. 175센티미터의 키에 90킬로그램이 넘는 몸무게가 탈락 요인이라고 분석한 것이죠. '면접위원들은 지나치게 살찐 수험생은 자기관리가 안 되는 사람이라고 인식했을 것'이라는 생각이 들었다더군요. 그때부터 P군은 다이어트에 돌입했고, 6개월에 걸쳐 몸무게를 20킬로그램 줄이는 데 성공했다고 했습니다.

중요한 것은 체중 그 자체가 아니라, 문제점을 분석하고 자기 나름의 노력을 한 P군의 진실된 태도였습니다. 그래서 P군은 세 번째 도전에서 자신의 변화된 모습을 증명하여 합격의 기쁨을 얻을 수 있었죠."

사소하지만 도움이 되는 면접 이야기

지원한 회사별로 차별화가 필요하다

지원한 회사의 업종별로 면접의 특징도 다르다. 때문에 회사별로 차별화해서 준비하는 전략이 필요하다.

- 삼성전자나 삼성전기 같은 전자계열사 지원자는 회사의 제품에 대한 이해도가 높아야 한다. 회사의 제품과 기술, 서비스에 대한 질문이 나오기 때문이다.
- 삼성생명, 삼성증권 같은 금융계열사 지원자는 논리적인 의사전달력의 함양에 집중하자. 즉, 논리정연하게 설명하는 프레젠테이션 능력이 필요하다.
- 삼성물산, 삼성에버랜드 같은 서비스사 지원자는 압박면접에 대해 충분히 연습하는 것이 좋다. 돌발 상황에 대한 대처를 측정하는 경우가 많기 때문이다.

너무 튀지 말고, 연습한 티도 내지 말자

너무 튀지 말고 적극성과 열정을 보여라. 임원은 당신의 튀는 스타일에 호감을 보일 수도 있으나, 부장은 좋아하지 않을 가능성이 크다. 그만큼 임원과 중견간부가 선호하는 이미지는 다를 수 있다는 뜻이다.

당신이 사전에 연습했던 주제라는 '티'를 내지 않고 자연스럽게 설명하는 것도 중요하다. 그러니 질문에 대해 즉시, 속사포처럼 답변하지 말자. 면접위원의 질문이 끝나면 1~2초 생각한 다음, 자신감 있는 목소리로 대답하는 방법을 권한다.

면접은 면접을 보는 장소에 국한되지 않는다. 회사 앞에 집결한 뒤 건물로 들어가고, 면접장 앞에서 기다리다 면접을 마무리하고 회사를 떠나는 순간까지를 면접 시간으로 생각하자.

면접장 곳곳에는 진행요원이 있는데 지원자 개인별로 이들에게 특이 사항이 포착되면 인사팀에 전달된다. 지각은 당연히 금물이고, 대기시간 중의 태도, 화장, 수다, 흡연에 대한 질문 등도 참고자료가 된다.

간혹 이런 실수를 하는 응시자가 있다. 면접을 회사 안에서 진행하다 보니 아는 선배나 먼저 입사한 친구를 만날 수도 있는데, 그럴 때 면접장 근처에서 와자지껄하게 이야기하는 것이다. 모든 응시자가 명찰을 착용하고 있기 때문에 그런 사람은 진행요원에게 체크당하기 쉽다. 그러니 지인과 마주쳤다 해도 면접이 끝나고 회사 밖에서 조용히 만나는 것이 좋다.

석사에 대한 인식 변화에 주의하자

석사 출신은 학사 출신에 비해 평균적으로 직무역량면접의 평가점수가 높다. 자신의 전공에 대해 설명하는 것이니 당연한 결과이기는 하다. 하지만 이에 비해 임원면접의 점수가 낮은 사람이 의외로 많다. 대학교 졸업 후 취업이 어려워서 석사 과정으로 진학한 경우도 많기 때문이다. 이와 관련된 질문이 임원면접이나 직무역량면접에서 자주 나온다.

- "대학 졸업 후에 바로 취업하지 않고 석사과정에 진학한 이유는 무엇인가요?"
- "석사과정을 마치고 박사과정까지 공부하고 싶지 않았나요? 석사로서 입

사하려는 특별한 이유가 있나요?"

- "박사과정까지 공부해서 회사보다는 학계에서 일하고 싶은 생각은 없었나
  요?"

이 같은 질문에 대해 답변을 할 때면 더욱 주의해야 한다. 당신의 답변이 신통치 않으면 교수가 되는 것이 힘들어 어쩔 수 없이 삼성에 지원했다는 인상을 줄 수 있기 때문이다. 가장 모범적인 답변은 세부전공에 대한 흥미와 전문성을 강조하는 것이다.

- "대학 시절부터 반도체 회로분야에 흥미를 가졌고, 회사에 입사하기 전에
  좀 더 체계적으로 공부하고 싶었습니다."
- "석사과정을 마치고 삼성에 입사하는 것이 회사에서 더 큰 역할을 할 수
  있다고 생각했습니다."
- "엔지니어로서 세계 최고에 도전하려면 젊을 때 석사과정을 공부하는 것
  이 좋다고 생각했습니다."
- "이제는 제가 배운 이론적인 지식을 현장에서 신제품 개발에 적용해보고
  자 합니다. 그래서 제가 도전할 수 있는 최고의 회사인 삼성에 지원했습니
  다."

삼성 면접위원은 지원자에게서 치열하게 생활한 모습을 발견하고 싶어 한다. 자신이 대학시절에 그렇게 생활했기 때문일 수도 있고, 반대로 그렇게 하지 못한 아쉬움에 대한 보상심리일 수도 있다.

하지만 '대학시절에 무엇을 어떻게 해야 하지?'에 대해서는 고민하지 말자. 차라리 그 고민할 시간에 뭔가 하나라도 실행에 옮기는 것이 좋다. 무엇이든 선택하고 실천하자. 중요한 것은 그것에 성공했느냐가 아니라 '그 경험으로 차별화된 스토리를 얻었는가'의 여부이기 때문이다. 그리고 이렇게 차별화된 스토리는 에세이와 면접에서 크게 부각된다.

에세이에는 추상적인 내용보다 구체적인 경험을 적어야 면접위원의 관심을 끌어낼 수 있다. 직접 경험을 통해 만들어낸 남다른 스토리가 면접위원의 질문을 부르는 것이다. 특히 에세이 ③을 작성할 때 남다른 성공 스토리나 실패 스토리를 구체적으로 설명하면 당신이 노력한 것을 어필할 수 있다.

임원면접에서는 "공부 이외의 관심사항은 무엇인가요?" "공부만 열심히 한 모범생 스타일 같은데, 오로지 공부만 했나요?" 등 학업 이외의 관심사항에 대한 질문이 곧잘 나오곤 하는데, 대학생활 중 별다른 활동 내용이 없는 지원자에게는 더 직접적으로 질문하기도 한다. 이에 대한 합당한 답변을 미리 준비해두자.

직무역량면접에서는 더 구체적으로 질문한다. 전공과 관련된 활동이 있으면 직무동기가 확실하다고 생각한다.

- "전공과 연관된 대내외 활동에 대해서 이야기해보십시오."
- "부족한 점을 보완하기 위해 준비하고 있는 것은 무엇인가요?"
- "입사 후 주어진 직무를 수행하는 데 본인이 갖추고 있다고 생각하는 능력이 있다면 무엇이든 얘기해보세요."

이때 당신은 자신의 경험을 사례로 들면서 논리적으로 이야기해야 한다. 그래야 긍정적인 이미지를 극대화시킬 수 있기 때문이다. 뜬구름 잡는 듯한 답변으로 얼버무리면 면접위원을 설득하기 어렵다.

앞서 말했듯 최근에 면접시간이 두 배로 늘어나면서 면접위원의 심화질문이 많아졌는데, 자신이 직접 경험한 사례로 대답하지 않으면 그런 질문에 제대로 대응하기 어렵다. 그것이 바로 당신이 체험한 남다른 스토리가 중요한 이유다.

시간 개념이 농축된 직무관련 경험이 중요하다

사람은 누구에게든 무언가를 직접 경험하는 것이 필요하다. 이러한 경험이 곧 취업 준비과정인데, 더 중요한 점은 이러한 경험을 통해 배운 점과 부족한 점을 설명하는 것이다. 자신의 경험을 지원한 회사와 직무, 또는 전공과 연결해서 답변하면 금상첨화다.

개인적으로 나는 성공 스토리보다 실패 스토리를 더 선호한다. 성공을 통하여 배우는 것보다 실패를 통해서 느끼고 습득하는 것이 더 강하기 때문이다. 면접위원에게 진정성까지 전달할 수 있는 것은 실패 스토리만이 가지는 힘이다. 그러니 설득력이 없는 성공 스토리를 만들기 위해 고민하지 말자.

삼성 면접위원들에게 당신의 스토리가 좋은 평가를 받으려면, 다음 두 가지를 반드시 만족시켜야 한다.

- **시간이 농축된 경험**
  - 오랫동안 만들어진 경험, 더 구체적으로 말하면 2~3년 이상 꾸준히 지속한 경험은 당신의 성실성과 승부근성을 인사 담당자에게 어필하는 도구가 된다.
- **전공 및 직무와 연관된 경험**
  - 당신의 직무역량을 면접위원에게 충분히 표현할 수 있다.
  - 전공 및 직무와 연관성이 적은 경험, 필요 이상의 과다 경험은 좋은 평가를 받지 못한다.

단기 이벤트 식의 경험은 금물이고, 직무역량과 관련이 적은 경험도 좋은 평가를 받기 어렵다. 다양한 경험은 중요하지만, 보여주기 식의 어필은 도움이 되지 않는다는 뜻이다. 외국연수를 다녀온 경험, 혹은 봉사활동을 한 경험을 설명하면서 맥락에 맞지 않게 그들과 같이 찍은 사진을 첨부하는 지원자가 많은데, 이런 것은 마치 증명하기 위한 의도로 비춰진다. 본래 의도가 어떠한 것이었든 간에 이런 느낌을 주면 좋지 않은 평가를 받기 쉽다.

직무관련 활동의 대표적인 예는 인턴십, 산학협력, 논문대회/경진대회, 멤버십, 동아리활동, 실무 경험(아르바이트), 전시회 등이다. 지원한 회사 및 직군과 연관성이 있는 분야에서 경험한 내용을 강조하고, 이런 준비가 회사와 직무에 어떻게 도움이 될지를 어필하면 된다.

시 간 스 토 리 를
만 들 자

경력사항 작성 시 수행직무는 구체적으로 기술하고, 근무기간 중 수행한 프로젝트 내용에 대해서도 세부적으로 작성한다.

인턴십 : 최종 합격의 8부 능선을 넘자

인턴십은 취업 준비생들에게 회사에 대한 이해도 제고와 함께 직무능력 계발기회를 제공한다. 인턴십 경험자 중 80% 이상이 정직원으로 입사한다는 통계가 보여주듯이 대학생들 사이에서 인턴은 '금金턴'으로 불리고 있고, 그만큼 경쟁률도 높아지고 있다.

삼성전자의 인턴십 사례를 보자. 인턴십을 마친 후 1년 이내에 졸업이 가능한 학생이면 대학생 인턴십에 지원할 수 있다. 이들은 정시 채용과 마찬가지로 SSAT 시험과 면접을 거쳐 선발되기 때문에 경쟁률이 높고 그만큼 합격도 쉽지 않은 관문이다.

삼성전자는 이와 별도로 디딤돌 인턴십을 운영한다. 장애인 대학생들의 사회 진출을 지원하기 위해 다양한 직무기회를 제공하는 디딤돌 인턴십은 SSAT 대신 서류 전형과 면접만으로 인원을 선발한다.

삼성전자 인턴십 사례

	대학생 인턴십	디딤돌 인턴십
모집시기	• 하계인턴(4~5월)	• 하계인턴(5~6월) • 동계인턴(10~11월)
지원자격	• 인턴십 수료 후 1년 이내에 졸업이 가능한 자(석사 제외) • 전 학년 평균 3.0학점 이상인 자	• 4년제 대학교 재학 장애우 중 1~3학년(상위등급을 소지한 국가유공자 본인 지원 가능)

지원자격	•병역필 또는 면제자로 해외여행에 결격사유가 없는 자	
전형 프로세스	① 지원서 작성 ② SSAT ③ 면접 전형 : 인성면접 ④ 인턴 실습 (7주, 7~8월)	① 지원서 작성 ② 서류 전형 ③ 면접 전형 : 인성면접 ④ 인턴 실습 (7주, 하계 7~8월, 동계 1~2월)
혜택	•수료자에 한해 면접전형 만으로 입사 가능 •인턴 실습 경비, 주당 30만 원 지급	•우수 수료자에 한해 3급 공채 시 우대 •인턴 실습 경비, 주당 30만 원 지급

산학협력 : 면접을 통과하는 줄을 잡자

최근 활발한 산학협력 형태로는 두 가지가 있다. 하나는 회사와 대학이 공동으로 산학협력 개발과제를 수행하는 것이고, 다른 하나는 학교에서 운영되는 맞춤형 학위과정이다.

산학협력 개발과제의 경우 회사로서는 이론적인 첨단기술을 접할 수 있고 부족한 맞춤형 엔지니어를 육성한다는 장점이, 대학 입장에서는 회사와의 취업 연계성을 높이고 연구자금을 지원받는다는 장점이 있다. 때문에 삼성 입사에 관심이 있는 학생이라면 삼성과 대학의 산학협력에 적극 참여할 필요가 있다. 산학협력과제에 참여한 학생은 회사가 필요로 하는 기술을 보유하고 있고, 회사 내 엔지니어와 함께 일한 경험을 가지게 되기 때문이다. 회사 입장에서 보면 반드시 필요한, 준비된 인재가 되는 것이다.

삼성전기 사례로 보면 국민대학교의 '전력전자연구소'가 대표적이다.

삼성전기와 국민대학교는 2005년 전력전자연구소를 설립하여 파워기술에서 해외 선진사와의 차이를 극복해가고 있는데, 실용가능한 차세대 파워제품 개발에 공동 노력한 결과 무선충전기를 상품화시키는 데 성공했다. 삼성전기는 성균관대학교, 한양대학교, 연세대학교, 서울대학교 등 여러 대학과도 산학협력과제를 진행하고 있다.

산학협력은 지역별 사업장과도 긴밀하게 연관된다. 부산사업장의 경우 부산대학교와, 세종사업장의 경우 충남대학교 및 한밭대학교와 산학협력을 운영하고 있다. 실제 이들 졸업생의 삼성전기 취업률이 높아지고 있다.

산학협력의 또 다른 형태인 맞춤형 학위과정도 더욱 활발해지고 있다. 삼성전기의 경우 부산대학교, 충남대학교와 협력하여 '차세대 전자 기판회로학과'를 석사과정으로 운영하고 있다. 이들 입학생은 대학교의 입학심사와 동시에 SSAT와 면접을 거쳐 선발된다. 삼성전기의 입사절차를 마무리 짓고 석사과정을 공부하는 셈이기 때문에 기준 학점 이상으로 졸업하면 바로 입사가 가능하다.

이들 석사과정 학생들에게는 학비와 보조금이 지원된다. 부산대학교는 부산사업장, 충남대학교는 세종사업장과 연계하여 전공과목 및 현장실습 등 맞춤형 프로그램을 운영하고 있다.

논문대회와 경진대회 : 입상은 곧 합격을 의미한다

삼성전자의 '휴먼테크 논문대상'과 삼성전기의 '인사이드엣지 논문대상'이 이 대표적인 예다. 두 회사는 창의적이고 도전적인 젊은 과학도를 발굴하고, 학교 내 연구 분위기 활성화와 기술을 중시하는 사회 분위기를 조성하기 위해 논문대상을 제정했다.

논문대상은 공지, 논문 접수, 서면심사, 발표심사, 시상식 순서로 진행된다. 서면심사는 창의성, 논리성, 실용성, 발전성 등 네 개 항목으로 평가한다. 서면심사를 통과한 논문에 한해 이루어지는 발표심사는 이해력, 분석력, 표현력의 세 개 항목으로 평가된다. 수상자에게는 상금은 물론 입사 특전이 주어지고, 이후 임원면접만 실시하여 채용을 결정한다.

설사 입상하지 못했다 해도 입사 시험 과정에서 그 경험을 충분히 활용할 수 있으니 실망하지 말자. 논문대회를 준비했던 과정, 그 과정에서 느꼈던 배운 점이나 부족한 점, 부족한 점을 어떻게 보완하려고 노력했는지 등을 어필하면 기대 이상의 효과를 얻을 수 있다.

휴먼테크 논문대상은 1994년 제정된 뒤 20년의 역사를 쌓은 권위 있는 상이 되어서 이제는 2,000여 편의 논문이 접수되고, 140여 개 학교가 참여하는 규모에 이르렀다. 2014년 2월에 발표된 20회 논문대상에는 총 1,982편의 논문이 접수되었고, 이 가운데 119편이 우수논문으로 선정되었다. 응모 분야로는 시그널 프로세싱, 커뮤니케이션 & 네트워크, 바이오 엔지니어링 & 라이프 사이언스 등 열 개가 있다.

인사이드엣지 논문대상은 전자부품 분야에 특화하여 2005년에 제정된 상으로 소재기술, 무선고주파, 센서 & 모듈, 전력전자 & 모터, 기반기술, 생산기술 등 총 여섯 개의 응모 분야가 있다. 이 논문대상은 당시 삼성전기 CEO의 아이디어를 기초로 내가 기안하여 만든 것인데, 이공계 학생을 지원하는 사회환원 효과, 회사 이름을 알리는 광고 효과, 우수인재를 발굴하여 채용으로 연결하는 채용 효과, 임직원에게 자부심을 심어주는 내부 효과 등을 고려했다.

삼성전자와 삼성전기의 논문대상 사례

	휴먼테크 논문대상 (삼성전자)	인사이드엣지 논문대상 (삼성전기)
참가대상	• 국내 대학/대학원 재학생 • 해외 대학생/대학원 재학생	• 국내외 대학생/대학원 재학생 • 학교 소속의 Post Doc
진행절차	① 공지 : 신문사, 홈페이지 ② 논문 접수(10~11월) ③ 서면심사 ④ 발표심사 → 시상식(2월)	① 공지 : 신문사, 홈페이지 ② 논문 접수(6~7월) ③ 서면심사 ④ 발표심사 → 시상식(11월)
응모분야	• Signal Processing • Circuit Design • Communication & Networks • Computer Science & Engineering • Mechanical Engineering • Material Science & Process • Physical Devices & Science • Energy & Environment • Bio Engineering & Life Science • Basic Science & Technology	• 소재기술 • 무선고주파 • 센서 & 모듈 • 전력전자 & 모터 • 기반기술 • 생산기술
수상내역	• 대상 1편, 금상 10편, 은상 20편, 동상 30편, 장려상 20편	• 대상 1편, 금상 1편, 은상 6편, 동 상 12편, 특별상 2편

수상혜택	• 입사 특전의 기회 부여
	  – 임원면접만 실시하여 채용
	    결정
	• 은상 이상 수상자에게는 삼성전
	자 해외사업장 견학 기회 부여
		• 입사 특전의 기회 부여
		  – 임원면접만 실시하여 채용
		    결정

멤버십 : SSAT를 치르지 않고 입사하자

멤버십 제도로는 소프트웨어 멤버십, 디자인 멤버십, UX 멤버십 등이 있다. 삼성은 이들 멤버십을 통해 일찍부터 관심을 갖고 양성해온 인력을 적극 채용하겠다고 밝혔다. 멤버십에 참가하여 정회원이 되면 관련 프로젝트 수행 경험을 쌓을 수 있기 때문이다.

소프트웨어 멤버십은 최고의 개발자를 꿈꾸는 학생들을 창의적이고 실력 있는 소프트웨어 전문가로 성장하도록 지원하는 프로그램이고, 디자인 멤버십은 '끼' 있는 학생들에게 통합적 경험을 제공해 창의적 감성과 상상력을 지닌 디자이너로 성장할 수 있게 도와준다. UX 멤버십은 예비 UX 디자이너들에게 전문가들과 자유롭게 연구하고 소통하는 기회를 제공한다.

정회원이 되면 개발과제 참여(삼성과제, 개인과제), 전문가의 기술교육, 자체 활동(세미나, 워크숍, 컨퍼런스), 전시회 참여 등의 활동을 한다. 멤버십 수료 후에는 희망하는 회원에 한하여 임원면접만으로 입사가 가능하다. 즉, SSAT 시험을 치르지 않아도 삼성에 입사할 수 있는 제도인 것이다.

삼성전자 멤버십 사례

	소프트웨어 멤버십	디자인 멤버십	UX 멤버십
모집 시기	• 상반기(12월) • 하반기(6월)	• 매년 12~1월	• 상반기(12월) • 하반기(6월)
모집 분야	• Software • Hardware • Game 개발/그래픽	• 시각디자인 • 제품디자인	• UI 및 UX 디자인

지원
자격
	• IT 분야에 재능과 열정
	• 4년제 대학 학부생 및
	  대학원생
	• 졸업전 1년 이상 활동
	• 전공학과 불문
		• 4년제 대학의 디자인
		  전공자
		• 디자인에 관심과 소질
		  이 있는 기타 전공자
		• 2년 이상 활동 가능
			• 기술서비스에 관심
			• 4년제 대학 학부생 및
			  대학원생
			• 학부생 2년, 대학원생
			  1년 이상 활동
			• 전공학과 불문

전형 프로 세스	① 서류 전형(작품 요약) ② PT면접(시연) ③ 정회원으로 활동	① 사전과제/서류 전형 ② 실기(24시간 워크숍) ③ 인성면접 ④ 정회원으로 활동	① 서류 전형(작품 요약) ② PT면접(시연) ③ 정회원으로 활동

입사
혜택
	• 수료자는 임원면접만
	  으로 입사 가능
		• 수료자는 임원면접만
		  으로 입사 가능
			• 수료자는 임원면접만
			  으로 입사 가능

SCSA 특별채용(삼성전자, 삼성SDS 사례)

SCSA는 인문학적 소양을 갖춘 융복합형 소프트웨어 인재 양성을 위해 진행하는 프로그램으로, 필요 인력을 미리 채용한 다음 실무 교육을 시키는 것이 특징이다.

- **모집 시기** : 상반기(3~4월), 하반기(9~10월)
- **지원 자격** : 학부 졸업예정자 혹은 기졸업자, 인문사회와 상경계 전공자 중 IT 분야에 관심이 있으며 평균 학점 3.0 이상, OPIc(NH 이상) 및 토익스피킹(Level 4 이상)의 어학자격이 있는 자
- **전형 프로세스** : 지원서 작성, SSAT, 면접전형, SCSA 교육
  - 교육기간 : 6개월(사전교육 1개월, 기본교육 2개월, 심화교육 3개월, 실전교육 1개월)

- **SCSA 혜택**
  - 채용 연계 : 교육 입과 시점부터 입사 내정자의 신분 부여, 교육 수료 시 입사 보장
  - 경력 인정 : 3급 신입사원과 동일한 처우를 적용(교육기간 6개월을 경력으로 인정)
  - 경제적 지원 : 6개월간 교육지원비 1,300만 원 지급

기타 직무관련 경험들

동아리 활동

최근 대학가의 동아리들은 극심한 불경기에 처해있다. 다만 취업관련 동아리는 예외라고 하니, 동아리 활동 불경기의 주범은 대학생들의 취업전쟁이다.

나는 대학생 시절에 '사우회(역사연구회)'라는 동아리에서 열심히 활동했다. 동아리 선후배가 모여 우리나라 역사를 공부하고, 역사적 인물을 법정에 세우는 역사재판을 열었던 기억이 새롭다. 그때는 매년 20명 이상의 신입회원이 모였는데, 지금은 두세 명만 들어오는 정도라서 겨우 명맥만 유지하고 있다.

학생 시절에 참여했던 동아리 활동은 면접 시 어떻게 활용할 수 있을까? 조직생활, 선후배 관계, 협업, 취미생활 등 다방면에서 나의 장점을 어필할 수 있다. 나는 어떤 역할을 맡았고, 얼마나 열심히 활동에 참여했으며, 그것을 통해 어떤 품성을 길렀다는 식으로 자기를 어필할 수 있으면 된다. 야구 동아리 활동을 경험한 영업마케팅직군 지원자를 예로

들자면 '동아리 활동을 통해 쌓은 인간관계를 영업 활동에 접목시켜 프로 세일즈맨이 되겠다'고 하면 된다.

화학공학을 전공한 K군은 풍물패에서 열심히 활동했다. 리더인 상쇄 역할을 하면서 어려움을 극복하는 방법을 경험했고 경연대회나 학교 행사에 초청받아 대중 앞에서 정식 공연도 여러 번 가졌는데, 이를 통해 내성적인 성격을 개선하고 친구들과 잘 어울리는 적극성을 갖게 되었다. 동아리 활동을 통해 선후배들과 인간관계를 만들고, 조직 생활의 기본을 경험한 것이다.

실무 경험(아르바이트)

학생 시절에 실무 경험을 쌓는다는 것이 사실 쉬운 일은 아니다. 기껏해야 아르바이트 정도의 기회가 대부분이기 때문이다. 요즘은 휴학 기간에 아르바이트를 경험하는 학생들이 많은데, 이때 가능하면 지원할 회사나 직무와 관련된 아르바이트를 하는 것이 좋다.

국문학을 전공하는 P양은 3학년을 마치고 휴학을 했다. P양은 휴학 기간을 활용하여 E교육업체에서 6개월 동안 아르바이트를 했다. 마케팅 팀에 배치받아 SNS 광고활동을 지원했던 P양은 당시의 경험을 살려 대형 유통업체의 광고팀에 지원했고, 면접에서 좋은 평가를 받아 합격했다. 휴학 기간 동안 스펙 대신 실무 경험을 쌓은 것이 합격이란 선물을 가져다준 것이다.

스펙을 만드는 데 시간을 투자하는 것보다는 무슨 일이라도 경험을 쌓는 것이 유리하다. 한국고용정보원이 최근 5년간(2007~2012년) 추적 조사한 결과가 이를 증명한다. 이 결론에 따르면 미취업 상태에서 상용 직 입사를 노리는 것보다 임시직이나 일용직으로 일하며 경험을 쌓는 것이 상용직으로 이동하는 데 유리하다(상용직은 고용기간이 1년 이상, 임시직은 1개월~1년 미만, 일용직은 1개월 미만을 뜻한다).

- 임시직이나 일용직으로 일한 사람 열 명 중 다섯 명(46%)이 다음 해 상용직으로 취업에 성공했다.
- 취업하지 않은 채 스펙을 쌓는 데 시간을 투자한 청년 중에서는 열 명 중 두 명(21%)만 일자리를 얻었다. 특히 미취업 청년층의 경우에는 그다음 해에도 일자리를 얻지 못할 가능성이 68%에 달했다.

전시회 참관

국내에서 열리는 전시회를 찾아가서 지원할 회사의 부스를 관람해보자. 관심 있는 제품이나 기술에 대해 가이드에게 질문하면 설명도 듣고 관련 자료도 얻을 수 있기 때문이다.

삼성전자, 삼성전기, 삼성SDI 등 전자계열사 입사를 목표로 하는 학생이라면 매년 10월에 열리는 한국전자전은 반드시 관람해야 한다. 이외에도 전자회로산업전(4월), 국제부품·소재산업전(4월), 국제반도체대전(10월), 정보디스플레이전시회(10월) 등 다양한 전시회가 있으니 관심 분야에 따라 선택하여 관람하며 지원할 회사의 최신 제품이나 기술 동향을 파악해보자.

다음은 전공 공부 외에도 다양한 경험을 쌓아 삼성 입사에 성공한 지원자의 이야기다. 이것을 잘 읽어보며 대학시기에 어떤 경험을 쌓고 어떻게 입사를 준비해야 할지 생각해보자.

"저는 인문학부 전공자로 삼성전기 영업마케팅직군에 지원했습니다. 영업마케팅직군은 인문학부 전공자가 지원할 수 있는 유일한 부서입니다. 저는 인문학을 전공하면서도 마케팅에 관심이 많아 다양한 경험을 쌓았습니다. 겨울방학을 활용해서 H상사에서 인턴 경험을 했고, 경영학을 복수전공으로 공부했습니다. 특히 마케팅 서적을 많이 읽었고, 마케팅 동호회 활동에도 참여했습니다. 직무역량면접 때는 마케팅 경험을 중심으로 발표했는데, 인문학 전공자임에도 마케팅 관련지식이 깊다는 것에 대해 면접위원들이 큰 관심을 표시했어요. 이것이 합격 요인이라고 생각합니다."

인생의 두 번째 30, 삼성에 걸어라

지원자 10만 3,000명, 응시생 9만 2,000명, 국내외 84개 시험장, 4,000개의 고사실, 감독관 9,500명, 최종 합격자 5,500명. 이상은 모두 2013년 10월 13일에 시행된 하반기 SSAT 시험을 표현한 숫자들이다.

시험 다음 날 모든 신문은 SSAT가 이제는 '삼성 수능'이 되었다고 보도하면서 SSAT의 문제점을 자세히 파헤쳤다. SSAT 준비생들의 경제적 부담, 삼성 입장에서의 시험비용 부담 등 사회적 비용이 증가하고 있다는 것이다. 비싼 SSAT 교재는 수십 종에 달하고, 관련 학원의 SSAT 강좌는 수십만 원을 넘는다고 한다. "해가 갈수록 왜 문제를 어렵게 출제하느냐" "문제가 어려우니 기출 문제집을 사고 학원까지 다녀야 한다" "삼성 같은 대기업들이 입사시험에서도 사교육을 조장한다" 등 취업 준비생들도 다양한 불만들을 쏟아냈다.

급기야 삼성은 "채용 방식을 일부 개선하겠다"라고 공식적으로 발표했다. 삼성 채용의 기본 원칙인 '능력 중심 채용'과 '열린 채용'은 유지하되, SSAT를 준비하는 데서 발생하는 사회적 비용은 줄이는 개선안을 내놓겠다는 것이었다.

그리고 드디어 2014년 1월, 삼성의 새로운 채용제도가 공개되었다. 삼성은 연간 두 차례의 SSAT를 통해 공채하던 방식에서 벗어나 다양한 방식으로 인재를 뽑겠다고 밝혔다. SSAT 관련 사교육 시장이 커지는 등 사회적 부담이 가중되는 현상에 대한 고민에서 나온 변화다. 기존의 '열린 채용'과 '기회균등의 채용' 정신은 유지하면서 채용 문화를 근본적으로 바꾸려 하는 삼성은 다양한 전형방식을 통해 SSAT의 응시 인원을 줄이겠다는 의도를 내비쳤다.

'누구나 볼 수는 없는' SSAT로의 변화 시도

변화의 핵심은 SSAT 시험이다. 지금까지 SSAT 응시가 입사 시험의 출발이었다면, 이제부터는 SSAT 응시자격을 제한하되 응시경로는 다양화된다. '누구나 볼 수 있는 SSAT'에서 '누구나 볼 수는 없는 SSAT'로 지위가 바뀐 것이다.

SSAT 시험에 응시할 수 있는 자격은 다음의 세 가지 방법을 통해 얻을 수 있다.

첫 번째는 '서류 전형을 통과'하는 방법이다. 삼성은 19년 만에 서류 전형을 부활시켰다. SSAT 응시 자격을 제한하여 응시 인원을 줄이겠다는 의도다. 삼성은 '지원자가 한 번의 SSAT 시험으로 표현할 수 없었던 자신의 역량과 경험을 체계적으로 설명할 기회를 제공하기 위한 것'이라고 설명했다. 단순한 SSAT 점수가 아닌 입체적 검토와 검증을 통해 우수인재를 확보하기 위한 방법으로 서류 전형을 도입한 것이다.

서류 전형의 평가 항목은 세부 학업 내역, 전문역량을 쌓기 위한 준비과정과 성과, 가치관 평가를 위한 에세이 등으로 구성된다. 이와 관련하여 삼성은 "앞으로도 지속적인 채용제도 개선을 통해 전문 역량을 갖추기 위한 꾸준한 준비와 노력, 열정과 경험이 제대로 평가받을 수 있도록 하겠다"라고 발표했다.

두 번째는 '대학총장의 추천'을 받는 방법이다. 삼성은 전국 200여 개 4년제 대학의 총장에게 인재 추천권을 주기로 했다. 대학총장의 추천을 받은 지원자에게는 서류 전형을 면제시키고 바로 SSAT 응시자격을 부여하는 것이다. 평소 학업과 학교생활에서 인정받는 우수 인재를 선발하겠다는 취지에서 만들어졌다. 서류 전형 과정을 대학총장에게 위임한다는 의미도 가지므로 이 방법은 대학과 기업이 협업하여 인재를 선발하는 새로운 시도라 할 수 있다. 총장의 추천인력은 연간 5,000명 규모이고, 학교별로 추천인력 규모에는 차이가 있다. 대학의 전공별 정원, 어느 대학에서 어떤 학과 전공자가 몇 명이나 삼성에 입사했는지 등의 데이터가 기준이 된다.

세 번째는 '찾아가는 채용제도'를 활용하는 방법이다. 각 지역별 거점 대학을 중심으로 30여 개 대학을 방문하여 우수 인재를 발굴하는 이 제도의 취지는 인재가 있는 현장으로 달려가 연중 수시로 대상자를 찾아서 기회를 주려는 것이다. 현장에서 발굴된 인재는 대학총장 추천자와 마찬가지로 서류 전형 없이 바로 SSAT 시험으로 직행한다.

거점대학은 대학별 정원, 삼성의 채용 규모, 지방 지역별 안배 등을 기준으로 선정되는데, 선정된 대학별로 연중 3회 가량 신입사원을 물색하고 현장에서 면담을 실시한다. 이때 검토한 면담서로 서류 전형을 대체하는 것이다.

그러나 이러한 변화 내용에 대해 대부분의 학생들은 '지원기회가 줄어들고, 직무관련 경험의 어필이 애매하며, 공정성이 훼손될 수 있다'는 부정적인 반응을 보였다.

- '누구나 시험성적만으로 승부할 수 있다'는 것은 삼성 채용제도의 장점이었는데, 이것이 사라지면서 응시기회가 줄어들었다.
- 삼성 공채는 좋지 못한 스펙을 가진 취업 준비생에게 있어 최고의 열린 채용이었는데, 진입장벽이 높아져서 앞으로는 기회가 줄어들 것 같아 안타깝다.
- 취업 준비생 입장에서 보면 평가 항목만 바뀐 스펙 전쟁일 뿐이다. 각종 자격을 챙기기도 벅찬데 학교생활까지 빈틈없이 해야 하는 상황이다.
- 서류 전형의 기준인 직무관련 활동이란 것이 모호해서 뭔가 또 다른 스펙을 준비해야 할 것 같다. 얼마 있지 않아 맞춤형 삼성 입사강좌도 생길 듯하다.
- 총장추천이 객관적인 평가의 척도가 될 수 있을지 의문이고, 기껏해야 각 학과의 수석, 차석 정도만이 추천을 받을 것 같다.

논란은 그로부터 며칠 후, 삼성이 각 대학교에 총장추천 인원을 통보하면서 커졌다. 삼성으로부터 통보받은 대학별 총장추천 인원은 성균관대가 115명으로 가장 많았고, 서울대·한양대가 110명, 고려대·연세대가 100명, 경북대 100명, 부산대 90명, 전남대 40명, 전북대 30명, 이화여대 30명, 숙명여대 20명 등이었다. 이것이 발표되자 '삼성이 대학을 서열화한다' '삼성이 호남과 여대를 차별한다'는 논란이 거세게 일었다.

급기야 삼성은 "신입사원 채용제도 개편의 일환으로 추진했던 대학총장 추천제와 서류 전형 등 개선안을 전면 유보한다"라고 발표했다. 대학 총장 추천제와 서류 전형 부활을 골자로 한 삼성의 신입사원 공채 개편안이 사실상 무산된 것이다.

삼성의 실험이 역풍을 맞은 것은 한국 사회에서 민감한 대학 서열화 문제를 건드렸기 때문이다. 게다가 호남지역 차별, 여자대학 홀대라는 비판이 거세지면서 삼성의 순수한 변화 의도는 묻혀버렸다. 결국 삼성의 채용 실험은 무산되었고, '삼성고시'로 불릴 만큼 과열된 공채제도는 여전히 고민으로 남아있는 상태다.

삼성은 개편안의 전면 유보를 발표하면서 "학벌과 지역을 넘어서는 열린 채용에 대한 연구검토는 계속하겠다"라고 밝혔다. 그런 만큼 삼성의 개선 방향은 여전히 살아있고, 변화 시도는 지속될 것이다.

삼성 채용제도 변화의 핵심, 공정성이냐 효율성이냐

정부기관이나 비영리단체는 공정성을 우선시하는 반면, 이익을 내야 생존하는 기업은 효율성을 우선시한다. 그런데 SSAT와 관련된 문제는 아이러니하게도 삼성이 효율성보다는 공정성을 지나치게 추구했기 때문에 발생했다. 지금은 모든 언론이 나서서 과열된 취업시장과 사회적 비용의 증가가 문제라고 언급하며, 그 주범이 삼성이라고 말한다. 그런데 과연 그들의 주장은 타당한 것일까? 위와 같은 문제를 제기한 사람들에게 나는 세 가지 질문을 하고 싶다.

첫째, 그들은 왜 SSAT가 사회현상이 되었는지를 제대로 알고 있을까? 최근 3년간 SSAT 응시생은 급격하게 증가하고 있다. 하반기 채용 기준으로 보면 2011년에는 6만 명, 2012년에는 8만 명, 2013년에는 10만 명이었는데, 이렇게 지원자가 늘어난 이유를 분석해보자.

① 삼성의 채용인원이 제일 많기 때문이다.
- 2013년 하반기의 채용인원 5,500명은 현대자동차, LG, SK, 현대중공업, KT 등의 채용인원을 합친 것보다 많다.

② 기준 자격을 충족한 모든 지원자들에게 SSAT 기회를 제공하기 때문이다.
- 엄격한 서류심사를 통해 극히 일부에게만 직무적성검사 기회를 제공하는 다른 대기업과 확연히 다르다.

③ SSAT는 직무적성검사의 정석이기 때문이다.
- SSAT를 준비하고 경험하면 다른 대기업의 직무적성검사에 합격하는 데도 도움이 된다.

④ 앞의 세 가지 이유로 취업 준비생들은 SSAT 준비를 유일한 탈출구로 인식하고 있다.
- 특히 수도권의 비非명문대나 지방대 졸업생들은 절박한 심정으로 SSAT를 준비할 수밖에 없다.

삼성의 SSAT는 다른 대기업의 직무적성검사와 근본적으로 구별되는 경영철학, 즉 기회균등의 원칙과 공정성 추구라는 정신을 담고 있다. 삼성과 현대자동차의 2013년 하반기 채용 상황을 비교해보자.

2013년 하반기, 1,200명을 뽑는 현대자동차에 지원한 인원수는 9만 명이었고, 전체 경쟁률은 75:1 수준으로 20:1 수준인 삼성보다 네 배 가까이 높았다. 이처럼 지원자수가 삼성과 거의 비슷한 수준인데, 왜 현대자동차의 직무적성검사HMAT는 삼성의 SSAT처럼 문제가 되지 않았을까?

그 이유는 현대자동차는 서류심사를 통해 90%의 지원자를 탈락시키기 때문이다(물론 서류심사의 기준은 공개되지 않은 비밀이다). 즉, 채용인원의 8배수에게만 HMAT를 볼 수 있는 기회를 주는데, 이는 결국 9만 명의 지원자 중 9,600명은 HMAT를 치르고 경쟁했지만 나머지 90%에 달하는 지원자는 경쟁의 기회조차 갖지 못했음을 뜻한다.

삼성과 현대자동차의 채용절차 비교(2013년 하반기 기준)

	① 지원자	② 서류심사	③ 직무적성 검사 응시자	④ 면접 응시자	⑤ 최종 합격자 (채용인원)
삼성	10만 3,000명	• 9만 2,000명 이상 합격 −기준 자격 보유자는 모두 합격 • 1만 1,000명 이하 탈락 −1만 1,000명 중 일부만 기준 자격에 미달	9만 2,000명 • 채용인원과 상관 없이 SSAT 기회 제공 • 1만 1,000명 중 일부는 미응시	1만 5,000명 • 채용인원의 2.5~3배수에게 면접기회 제공	5,500명
현대	9만 명	• 9,600명 합격 −채용인원의 8배수만 합격 • 8만 400명 탈락 −엄격한 서류심사에서 90% 탈락	9,600명 • 채용인원의 8배수에게만 HMAT 응시 기회 제공	4,800명 • 채용인원의 4배수에게 면접기회 제공	1,200명

둘째, 그들은 왜 공무원시험에 대해서는 문제를 제기하지 않을까? 공무원시험에는 SSAT보다 더 많은 사람들이 지원하고, 그와 관련된 교재와 학원도 SSAT보다 더욱 다양하고 많은데 말이다.

공무원시험은 모든 국민에게 균등한 기회를 준다는 이유로 받아들이면서도 왜 '누구에게나 응시 기회를 주려는' SSAT에 대해서만큼은 유난히 문제를 제기하는지 모르겠다. 공무원시험 시장은 직장의 안정성을 이유로 이미 오래전부터 과열되어왔다. 2013년 9급 공무원시험의 경우 3,748명 선발에 20만여 명이 몰려 75:1의 경쟁률을 기록했고, 서울시 공무원시험에는 1,446명 모집에 12만 6,000명이 지원하여 87:1의 경쟁률을 보였다. 공무원시험은 시험과목이 많기 때문에 관련 교재를 모두 합치면 SSAT 교재의 수십 배에 달한다. 관련 학원은 지방의 중소도시까지 퍼져있고, 각종 인터넷 강의도 성황을 이룬다. 말 그대로 공무원시험 '광풍'이다. 그런데 왜 어느 누구도 그것이 문제라고 거론하지 않을까?

국민들이 공무원시험에 대해서 문제를 제기하지 않는 것은 효율성보다 공정성을 중시하기 때문이다. 즉, 공무원시험에 관련된 사회적 비용이 아무리 많더라도 효율성 때문에 공정성이 훼손되어서는 안 된다고 생각한다. 원하는 사람 누구에게나 시험에 응시할 기회를 평등하게 주는 것이 필요하다고 인정하는 것이다. 그렇다면 SSAT도 같은 시각에서 바라봐야 하는 것 아닐까?

셋째, 그들은 지금의 SSAT 방식보다 더 공정한 선발제도를 알고 있을까? 있으면 제안해보라고 권하고 싶다. 많은 전문가들은 '삼성과 달리 구글, IBM 등 글로벌 기업들은 대규모 공채 대신 수시로 추천서를 받아 인재를 뽑기 때문에 이 같은 홍역을 치르지 않는다'고 말한다. 하지만 과연 삼성이 미국 기업처럼 경력 중심으로 수시 채용하는 방식을 적용한다면 우리 국민들이 얼마나 이해하고 납득할까? 특히 공정성이라는 측면에서 말이다. 미국 일류기업의 채용제도라 해서 좋은 점만 있는 것은 아니고, 대한민국의 국민성을 반영하고 있는 것은 더더욱 아니다. 아래의 사항들을 살펴보면 이 점을 쉽게 알 수 있다.

- **구글이나 애플은 서류 전형을 통해 지원자의 2~5%에게만 전화면접 기회를 준다.**
  - 전화면접을 20%의 확률로 통과해도 2~6차례의 대면면접을 거쳐야 한다.
- **미국의 일류기업들은 스펙이나 인맥을 삼성보다 더 꼼꼼히 살핀다.**
  - 해당 회사에 먼저 입사한 선배나 동료가 추천하면 모든 과정을 건너뛰고 최종 인터뷰를 하는 곳이 많다.
  - 아예 채용공고도 하지 않고 뽑는 경우가 절반 이상을 차지하기 때문에 미국 대학생들은 일찍부터 인맥을 넓히고 인턴십에 참여하려고 노력한다.
- **대부분의 미국 기업은 신입사원보다 경력사원 채용에 눈독을 들인다.**
  - GE는 채용 인원의 90%를 다른 회사에서 5년 이상 일한 경력자로 채우는 것을 원칙으로 한다.

이제 앞서 던졌던 세 가지 질문을 정리해보자. 삼성이 다른 대기업처럼 효율성을 추구한다면 대안도 쉽게 도출될 수 있다. 서류심사에서 90%의 지원자를 탈락시키면 되니 말이다. 하지만 이것은 기회균등의 원칙에 어긋나니 이제 삼성의 SSAT도 공무원시험처럼 공정성을 확보하기 위한 노력이라고 인정해주면 어떨까? 지금의 SSAT 방식보다 더 공정한 선발제도도 없다는 점에 유의하며 말이다. 대한민국 국민처럼 공정성을 따지는 사람들도 없다. 특히나 취업이나 입시와 관련된 사안에서는 더욱 그렇다. 하지만 공정성은 삼성 채용제도의 최고 무기이자 경쟁력이다.

앞으로 삼성이 검토할 수 있는 변화의 방향은 그리 많지 않다. 한 번의 개편으로 채용제도의 모든 문제를 해결하겠다는 발상은 위험하다. 대한민국의 국민정서상 공채제도를 포기하기 어렵다면, 개편 목적을 명확히 밝히고 그에 맞는 변화를 선택하면 될 것이다.

- **SSAT 응시 인원을 줄이는 것이 목적이라면, 삼성이 모든 지원자를 대상으로 서류 전형을 도입해서 걸러내고 SSAT 응시자를 최소화하면 된다.**
  - 하지만 이런 시도는 공정성과 효율성 모두를 놓칠 수 있다. 서류 전형의 기준을 명확히 정해서 점수화하기 어렵고, SSAT 응시자를 검증하는 작업에 수많은 인사인력이 투입되어야 하기 때문이다.
- **대학 총장 추천제를 적용하고 싶다면 전공·학점·인성 등 기준을 제시하고 대학교 측에 재량껏 추천하게 하되, 대학이 기준에 미달하는 학생을 추천하면 탈락시키면 된다. 요지는 대학별로 추천인원을 할당하지 않는다는 것이다.**
  - 기존 제도와 비교했을 때 이런 시도는 큰 의미가 없다. 추천을 받지 못한 학생은 일반 전형으로 지원하면 되기 때문이다. 따라서 지원자 규모와 SSAT 응시자를 줄이는 데는 큰 효과가 없을 것이다.
- **총장 추천제로 인한 대학 서열화 문제를 피하려면, 그룹 공채가 아니라 각 계열사별로 각 대학의 관련학과에 추천을 의뢰하는 방법을 활용하면 된다.**
  - 이 방법으로 효율성은 어느 정도 달성할 수 있지만 이공계의 몇몇 학

과와 인문계의 경영대학 학생들만 해당되기 때문에 공정성은 담보하기
어렵다. 내 경험으로 보면 연구개발직군은 전공과의 연관성이 명확하지
만 영업마케팅직군과 경영지원직군은 전공과의 연계성이 약하다. 결국
입사 희망자들의 경쟁 기회를 제한하는 결과를 가져오게 된다.

일부 취업 준비생들은 내년부터 SSAT 시험이 사라질까봐 불안해하
기도 하는데, 나는 삼성이 효율성보다는 공정성을 추구해야 한다고 생
각하기 때문에 SSAT 시험도 지금까지처럼 유지됐으면 좋겠다는 바람을
가지고 있다. 언어력, 수리력, 추리력, 공간지각력, 직무상식 순으로 진
행되는 SSAT는 특별히 대학 전공자 수준의 지식을 필요로 하지 않고,
다방면에 걸친 지식과 사고력을 측정해 삼성에 입사해서 능력을 발휘할
적합한 인재를 선발하는 시험이다. 또한 이와 유사한 형태의 대기업 입
사시험 가운데 SSAT가 문제의 질質적인 면에서 가장 신뢰할 만한 수준
이라는 것이 관련 업계의 중론이다.

나는 삼성의 공채제도가 '아름답다'고 생각한다. 그 과정이 건강하고
공정하기 때문이다. 학력보다는 실력을 중시하는 삼성의 인사 철학이
지속되길 기대한다.

삼성의 변화는 이미 전파되고 있다

삼성이 시도한 채용제도의 변화는 이미 시작되었다. 삼성의 시도는 일
단 유보되었지만 다른 대기업들이 유사한 방향으로 채용제도를 개편하
고 있기 때문이다. 최근 큰 폭으로 채용방식을 바꾼 LG그룹이 대표적이

다. LG그룹의 채용 변화의 줄기는 크게 세 가지다.

- **인재의 정의를 책상 스펙에서 현장 스펙으로 바꾼다.**
  - 화려한 스펙보다 전공분야의 기본기를 제대로 갖춘 인재를 선발한다.
- **전공과목 성취도를 중시한다.**
  - 평균 학점 대신 전공필수과목의 성적에 가중치를 주어 평가한다.
- **심층 면접을 통해 직무관련 경험을 검증한다.**
  - 이를 위해 면접방식을 다대다 면접에서 일대일 심층 인터뷰로 바꾼다.

LG는 2013년에 새로운 인재상을 제시했다. "LG가 생각하는 인재의 모습은 새로운 길을 개척하고, 세계 최고의 도전하는 열정과 패기를 갖춘 사람이다. 이러한 인재라면 국적이나 학력·성별에 관계없이 어디에서라도 데려온다." 이것은 이 책의 1장에서 설명한 삼성의 현장 인재상과 그 의미가 같다. 이러한 방침에 따라 LG는 토익·학점 같은 스펙보다 IT 시대에 적합한 창의성, 그리고 전공 분야의 기본기를 제대로 갖춘 인재를 선발하기로 했다. 기존 채용제도로는 LG가 원하는 인재를 찾지 못했다는 갈증 때문이다.

우선 연구개발 분야의 대졸 신입사원을 채용할 때, 평균 학점 대신 전공필수과목의 성적을 따지기로 했다. 전공 성적이 좋은 학생들에게 가산점을 주겠다는 것이다. "최근 5년 동안 이공계 신입사원을 교육해 보니 업무성과는 출신 대학이나 전공과 별 상관이 없었다. 무엇보다 자기 전공에 매진한 학생들이 성과가 좋은 것으로 분석되어 이들에게 취업에서 가산점을 주려 한다"라는 인사 임원의 설명이 눈에 띈다. LG전자의 경우 매년 입사하는 신입사원 가운데 이공계 출신이 85%를 차지한다.

또한 LG는 소프트웨어 분야의 지원자를 대상으로 면접 전형에 '일대일 심층 인터뷰'를 도입하기로 했다. 지원자 너덧 명과 면접위원 너덧 명이 한자리에 모여 진행하는 기존 방식으로는 전공지식과 실무 능력에 대한 심층 평가가 어렵다고 판단했기 때문이다. 심층 인터뷰 시간도 기존의 15분(일반 면접)에서 네 배를 늘려 최대 1시간으로 확대했다. 이와 함께 전공이해도 측정을 강화하기 위해 소프트웨어 분야의 개념, 응용 능력을 묻는 시험도 따로 치르기로 했다.

LG그룹 인사 관계자는 "그동안 공채제도를 진행하면서 일률적인 책상 스펙을 가진 지원자만 다수 선발되는 문제점이 노출되었다. 새로운 채용방법을 시도해서 창의적이면서 문제해결 능력을 갖춘 인재를 선발하겠다"라고 설명했다. 채용방식의 변화를 통해 전공과목 성취도와 직무관련 경험이 있는 인재들을 뽑겠다는 강한 의지를 표명한 것이다.

보수적인 금융권에도 변화가 확산되고 있는데, 새로운 채용제도를 시도하는 현대카드가 그 예에 해당한다.

현대카드는 2014년부터 기존에 해오던 일반 전형 외에 특별 전형을 도입하여, 자격증·인턴·어학연수와 같은 스펙을 갖추지 못했더라도 자신만의 특기나 장기가 있는 지원자에게 입사기회를 주기로 했다. 특별전형에서 가장 중시하는 것은 자기소개서다. 예를 들어 물리학 연구에 몰입했던 물리학 전공자라면 자신의 연구경력을 구체적으로 소개하면 된다. 금융 자격증은 따지 못했지만 그 못지않은 경험을 지녔다는 사실을 설명하면 되는 것이다. 지원자 개개인의 특기와 경험에 맞춰 평가도 이루어져서, 소위 8대 취업스펙이나 금융3종 자격증(펀드·증권·파생상품투자상담사) 같은 금융권 채용에서 통용되는 일반적인 잣대가 끼어들지 않도록 했다.

현대카드 채용실장은 "어학연수·토익·자격증 등 똑같은 제복을 입듯 '붕어빵 스펙'을 만들어 지원하는 현 상황을 벗어나고자 한다. 우리는 괴짜나 기발한 사람을 뽑고자 하는 것이 아니다. 특별 전형 지원자들은 자신의 특장점을 갖기까지 투자한 시간과 열정, 몰입력, 책임감 등을 중점적으로 검증받는 것"이라고 설명했다. 물론 특별 전형도 일반 전형에 포함되기 때문에 서류 전형, 인적성검사와 같은 채용과정을 거쳐야 하지만, 신입사원인 만큼 스펙보다는 전문성을 갖추기 위해 얼마나 노력했는지를 중요하게 평가하겠다는 것이다. 이러한 채용방식의 변화는 앞으로 다른 대기업에도 더욱 확산될 전망이다. 취업 준비생인 당신도 이같은 변화를 이해하고 장기적인 계획을 세워서 준비하길 바란다.

'30+30+30 공식'을 아시나요?

앞으로 직장인들은 세 번의 퇴직(정년)을 맞이하게 된다. 첫 번째는 '고용 정년'으로 회사가 결정한다, 두 번째는 '일의 정년'으로 당신 자신이 결정하는 것이다. 세 번째는 '인생 정년'으로 신이 결정하는 것을 말한다(강창희, 『당신의 노후는 당신의 부모와 다르다』).

바야흐로 인생 100세 시대라고 한다. 그만큼 전반 인생도 중요하지만 후반 인생도 그 못지않게 중요한 시대가 된 것이다. 인생을 90세로 보고 3단계로 나눈 '30+30+30 공식'은 21세기를 사는 우리가 살아가는 삶의 공식이다.

30+30+30 공식

인생시계

당신의 인생은 지금 몇 시입니까?

첫 번째 30	두 번째 30	세 번째 30
10 20 **30**	10 20 **30**	10 20 **30**

첫 번째 30은 공부하는 '배움터'의 시기다. 우리는 유치원부터 시작해서 대학교, 혹은 대학원까지 공부하며 인생을 살아가는 데 필요한 기본적인 지식 및 평생 직업으로 가져갈 전공지식을 갈고닦는다. 이 시기의 결과는 직업과 직장의 선택으로 연결된다. 배움터에서 우리는 자신의 브랜드를 찾는 여행을 시작한다. 다양한 경험을 통해 평생 직업을 결정하고 입사하고 싶은 회사에 도전한다.

두 번째 30은 자신이 선택한 직장에서 평생 직업을 만들어가는 '일터' 시기다. 많은 이들이 결혼을 해서 가정을 꾸리는 이 시기에도 현장에서의 공부는 계속되는데, 이 시기의 결과는 직장에서의 위치가 아니라 내가 특정 분야의 전문가로서 프로다운 경쟁력이 있느냐 없느냐의 여부로 나타난다. 당신이 선택한 회사 안에서 자기 분야의 최고 전문가로 성장하는 과정에서 임원의 위치에 오른다면 그건 덤이라 생각하자.

세 번째 30은 여생을 보내는 '놀이터'의 시기에 해당한다. 예전에는 이 시기가 곧 은퇴할 때를 의미했지만 요즘은 다르다. 이른바 '100세 시대'인 이 시기에도 일이 필요하기 때문이다. 금전적인 필요성 이외에도 건강을 위해, 존재의 이유를 붙잡기 위해 우리는 영원한 현역으로 자리매김해야 한다. 우리는 놀이터에 도착해서야 비로소 대학시절부터 모색

당신은 어떤 브랜드를 만들 것인가?

첫 번째 30 (배움터)	두 번째 30 (일터)	세 번째 30 (놀이터)
•나의 브랜드 찾아가기 　– 다양한 경험 　– 평생직업 결정 　– 도전한 회사 입사	•회사 속 브랜드 만들기 　– 프로 직장인 　– 분야별 최고전문가 　– 회사의 임원	•나의 브랜드 완성 　– 재취업 　– 창업 　– 지식전문가

했던 자신의 브랜드를 완성하게 된다. 일반적인 재취업이든, 소규모 창업이든, 1인 창조기업이든 지식전문가든 가장 강력한 엔진은 자신의 직업이다.

나는 이 세 가지 30 가운데 두 번째가 가장 중요하다고 생각한다. 왜 그럴까?

우리는 첫 번째 30에 배운 것을 가지고 두 번째 30을 살아간다. 앞서 말했듯 두 번째 30은 평생 직업과 직장을 선택하고 일을 하는 시기다. 그런데 이 두 번째 30을 어떻게 보내느냐에 따라 세 번째 30의 모습이 결정된다고 해도 과언이 아니다. 이제 세 번째 30에도 일이 필요한 시대인데, 이는 두 번째 30의 결과에 의해 90% 이상 좌우된다.

그런 의미에서 나는 '회사는 나의 인생을 담는 그릇'이라는 정의를 좋아한다. 당신은 회사라는 그릇에 어떤 내용물을 담을 것인가? 일터라는 내용물만 담으면 힘든 회사생활이 될 것이다. 회사에서 하는 일은 고되고 힘들다는 생각만 들 것이기 때문이다. 그러므로 회사는 '일하면서 배우는 곳이다'라는 마음으로 배움터라는 내용물까지 담아야 회사의 성장과 당신의 성장을 동시에 실현할 수 있다. 나아가 일하고 배우는 과정에서 '즐겁게 한다'는 놀이터의 개념까지 담을 수 있다면 더 이상 좋을 것이 없겠다. 나 역시 그런 경지까지는 아직 도달하지 못했지만 말이다.

회사를 일터이자 배움터로 만들어주는 바탕은 인사제도와 교육제도다. 앞서 1장에서 어느 회사에 입사하기를 원하든, 그 회사가 가지고 있는 인사제도와 교육제도를 면밀히 살펴보라고 이야기한 이유가 여기에 있다. 인사제도와 교육제도의 선순환 시스템은 회사의 성장과 나의 성장을 동시에 가능케 하고, '회사의 비전은 곧 나의 비전'이란 공식을 만들어준다. 인사제도와 교육제도를 통해 '기회균등, 내부경쟁, 성과보상'이라는 인사 3원칙이 지켜지는 회사라면 분명 인생의 승부를 걸어볼 가치가 있다.

그런 이유로 나는 두 번째 30에 대한 준비는 대학입시보다 더 중요하다고 생각한다. 당신은 좋은 대학에 들어가기 위해 유치원 시절부터 14년 이상을 준비했다. 그런 당신이 좋은 회사에 입사하기 위해서는 몇 년을 준비했을까? 혹자는 '회사에 들어가기 위한 공부는 몇 달이면 충분하다'라고 생각하는데, 정말 그럴까? 절대 그렇지 않다. 좋은 회사에 들어가기 위한 노력과 준비는 아무리 일찍 시작해도 빠르지 않다. 스펙의 기준과 인재의 정의가 바뀌고 있기 때문이다.

이제 기업은 장기간의 대학생활 동안 전공과목 성취도를 높이고, 직무관련 경험을 다양하게 축적한 '준비된 인재'를 선택한다. 그것이 내가 이 책에서 '덧셈과 뺄셈을 하자' '논리적 사고력을 기르자' '작은 T자형 인재가 되자' '시간 스토리를 만들자' 등의 4대 비법을 제시한 이유다. 시간에 쫓기듯이 이벤트적인 스펙 쌓기가 아닌, 긴 안목을 가지고 차별화된 나만의 경쟁력을 키우는 데 시간을 투자하기 바란다. 그래서 4대 비법을 당신의 것으로 만들면 좋겠다.

대학 시절의 단계별 준비 사례

단계별 준비	1학년 다양한 경험	2학년 세부전공 탐색	3학년 평생직업 결정	4학년 도전회사 결정	도전 목표
전공과목 성취도					작은 T자형 인재가 되자
직무관련 경험					시간 스토리를 만들자
인문학적 소양					논리적 사고력을 기르자

　그런 마음으로 대학시절, 학년별로 준비할 수 있는 내용을 위와 같은 그림으로 나타내보았다. 예시한 내용을 모두 실천하기는 어려우니 당신의 상황에 맞게 선택해서 실행에 옮기면 된다. 이를 통해 세 가지 도전 목표를 자기 것으로 만들어가면 최종 면접에서 당신만의 '덧셈과 뺄셈'이 가능해질 것이다.

　여러분의 건투를 빈다. 더불어 이 책이 두 번째 30을 준비하는 당신에게 구체적이고 실천적인 가이드가 된다면 삼성 선배로서, 또 인생 선배로서 더 이상 바랄 것이 없겠다.